Kurt Tepperwein / Felix Aeschbacher *Erfolg ist das Ziel*

Kurt Tepperwein
Felix Aeschbacher

Erfolg ist das Ziel

Mentaltraining für Manager

Oesch Verlag

CIP-Titelaufnahme der Deutschen Bibliothek

Tepperwein, Kurt:

Erfolg ist das Ziel : Mentaltraining für Manager /
Kurt Tepperwein ; Felix Aeschbacher. –
Zürich : Oesch, 1990
ISBN 3-85833-398-0

NE: Aeschbacher, Felix:

Schutzumschlag: Heinz von Arx, Zürich
© der verwendeten Abbildung by Image Bank, Zürich
Satz: Jung SatzCentrum, Lahnau
Druck und Bindung: Franz Spiegel Buch GmbH, Ulm
Printed in Germany

ISBN 3-85833-398-0

Inhalt

Wer etwas weiß,
kann noch nichts.
Doch auch Können
bewirkt noch nichts.

Erst das Tun
verändert die Welt.

Einführung

Warnung: Bitte *nicht lesen,* wenn Sie sich zur Zeit in der Wartehalle eines Flughafens aufhalten; wenn Sie (leicht gestreßt) gerade auf eine wichtige Sitzung warten; wenn Sie gerade Ärger hatten; wenn Sie nach einem langen, anstrengenden Arbeitstag »hundemüde« sind; wenn Sie völlig unausgeschlafen am Frühstückstisch sitzen...

Nein, ernsthaft: Steigen Sie gleich richtig ein – wählen Sie zur ersten Begegnung mit diesem Buch (das immerhin Ihr Leben verändern kann) eine Situation, in der Sie bereit und fähig sind, sich auf etwas Neues, Faszinierendes einzulassen.

Mit großer Wahrscheinlichkeit haben Sie dieses Buch gekauft, weil Sie sich eines Mangels in Ihrem Leben bewußt sind, den Sie beheben möchten. Vielleicht läßt der endgültige berufliche Durchbruch auf sich warten. Oder Sie sind erfolgreich – aber Sie zahlen für diesen Erfolg einen zu hohen Preis. Viele, allzu viele »erfolgreiche« Menschen zahlen mit einem Leben im Streß, mit dem Verlust ihrer inneren Harmonie, der nahen Beziehung zu ihrem Partner, ihren Freunden – und oft genug auch mit einer angeschlagenen Gesundheit.

Doch Erfolg und ein in allen Bereichen erfülltes, harmonisches Leben ist kein Widerspruch. Erfolg sehen wir nicht als schwer erkämpftes Ergebnis einer mühevollen Zeit voller »Krampf« – ein erfolgreiches Leben ist ein spannendes, erfülltes Leben voller Energie, Kreativität und Freude, mit dem man nicht kämpfen muß, sondern das man spielerisch meistern kann.

Daß dies möglich ist, werden Sie beim Lesen des Buches *erkennen.* In Ihrem eigenen Leben *erfahren* werden Sie es, wenn Sie über das bloße Lesen hinaus bereit sind, sich wirklich mit dem Inhalt auseinanderzusetzen. Das Wort »Training« im Titel des Buches weist schon auf seine spezielle Eigenart hin: Es ist als Arbeitsbuch konzipiert – nicht passiv konsumiert, sondern aktiv benutzt soll es werden.

»Wenn ich will,
daß sich etwas ändert,
muß ich es ändern.«

An dieser Erkenntnis führt kein Weg vorbei, auch wenn wir sie häufig noch so gerne leugnen oder zur Seite schieben möchten.

Den größten Nutzen aus diesem Buch werden Sie ziehen, wenn

- Sie bereit sind, innere Veränderungen zuzulassen;
- Sie bereit sind, für positive Veränderungen aktiv zu werden, Widerstände zu überwinden und eingefahrene Denkstrukturen und Gewohnheiten abzubauen;

ganz konkret, wenn

- Sie die Fragen der Arbeitsblätter ehrlich beantworten ... und sich Gedanken über Ihre Antworten machen;
- Sie die den Kapiteln vorangestellten Zitate und die grundle-

genden Informationen nicht überfliegen, sondern auf sich wirken lassen, sich in die Gedankengänge versenken;

- Sie vorgeschlagene Übungen wirklich ausführen und wiederholen – nicht nur schnell einmal probieren;
- Sie auf der Grundlage des Buches Ihr eigenes, auf Sie persönlich zugeschnittenes Trainingsprogramm erarbeiten und durchführen.

So anstrengend und lustfeindlich, wie dies alles nun klingen mag, ist es allerdings nicht – im Gegenteil. Sie werden mit hundertprozentiger Sicherheit viel Freude bei der Arbeit empfinden, wenn Sie sich tief genug mit der Sache befassen. Haben Sie keine Angst davor, sich mit dem Training eine zusätzliche Last aufzubürden; es werden unvergleichlich größere Lasten von Ihnen genommen werden!

Standortbestimmung

Und nun beginnen wir gleich damit, Aktivität von Ihnen, liebe(r) Leser(in), zu fordern. Sie finden im folgenden eine Reihe von Fragen, die zu einer Standortbestimmung beitragen sollen. Sie werden Ihnen Ihre momentane Lebenslage, Ihre Wünsche und Bedürfnisse bewußter machen. Wenn Sie Ihre Antworten bei der weiteren Beschäftigung mit dem Buch im »Hinterkopf« behalten, können Sie gleich strukturierter mit unseren Angeboten umgehen – Sie werden die Informationen und einzelnen Techniken sehr schnell in Beziehung zu Ihrer Lage und zu Ihren ureigensten Bedürfnissen setzen können, wodurch Ihre *Motivation* noch erhöht wird.

Wie fühle ich mich im Moment? In welcher Beziehung bin ich zufrieden (+) oder unzufrieden (–) in den folgenden Lebensbereichen:

1. Familie, Partnerschaft

+ ______________________________

____

–

2. Beruf

+

–

3. Private Kontakte (Bekannte und Freunde)

+

–

4. Psychische Verfassung

+

–

5. Physische Verfassung

+

–

6. Freizeitgestaltung

+

–

7. Finanzielle Situation

+

–

Wo liegen in den einzelnen Bereichen die Gründe für die negativen Aussagen? Gibt es da Übereinstimmungen?

Bereich

1.

2.

3.

4.

5.

6.

7.

Übereinstimmungen:

Was hindert mich daran, an den Situationen, mit denen ich unzufrieden bin, etwas zu ändern?

Bereich

1.

2.

3.

4.

5.

6.

7.

Welche Übereinstimmungen haben sich hier gefunden?

Wo liegen meine Stärken?

Wo liegen meine Schwächen?

Wie möchte ich gern sein oder werden?

Welche Schwächen ablegen?

Welche Stärken besser einsetzen?

Welche Eigenschaften entwickeln?

Welche Fähigkeiten entwickeln?

Welche Probleme lösen?

Mir welche Wünsche erfüllen?

Was genau würde ich tun, wenn ich unbegrenzte finanzielle Mittel zur Verfügung hätte – also nie mehr arbeiten müßte?

Weiterführende persönliche Notizen:

Der Manager von morgen

Bevor wir uns mit den geistigen Grundlagen und Techniken des Mentaltrainings auseinandersetzen, hier einige Überlegungen zur dringenden *Notwendigkeit eines Umdenkens im modernen Management.*

Der Manager von heute wird ständig mit komplexen, vernetzten Problemen, eingebettet in instabile Situationen, konfrontiert. Wissenschaftler haben empirisch erforscht, was passiert, wenn Manager mit brillanter Intelligenz und hoher Rationalität versuchen, mit der traditionellen Art des Denkens derartige komplexe Probleme zu lösen. Sie haben erkannt, daß die traditionelle Art des Denkens ein situationsgerechtes Handeln eher blockiert und zwangsläufig zu Streßsymptomen führt.

Da wir nicht gewohnt sind, in *Problemnetzen* zu denken, können wir mit den herkömmlichen Denkstrukturen vernetzte Probleme auch nicht richtig lösen. Der klassische Manager ist hochgradig darauf trainiert, in *Wirkungsketten* zu denken, und er kann aufgrund dieser »internen Denkideologie« Wirkungsnetze häufig gar nicht erkennen und mit der traditionellen Art des Denkens auch nicht lösen.

Dabei gibt es durchaus Traditionen in situationsgerechtem Denken. Schon die Angehörigen des pythagoreischen Wissenschaftsordens befaßten sich mit Intuitionsforschung und legten ihren Überlegungen ein umfassenderes Denkmodell zugrunde, das besagt, daß alle körperlichen und geistig-seelischen Erscheinungen sowohl im Kosmos wie auch im Menschen eine untrennbare Einheit bilden. Diese Einheit ist von einem umfassenden Bewußtsein durchdrungen, an dem jeder teilhat. Dieses umfassende Denkmodell finden wir bei Pythagoras, bei Buddha, Laotse und Konfuzius, die alle zur gleichen Zeit, vor etwa 2500 Jahren, lebten. Ihr ganzheitliches Denken ermöglichte ihnen, tiefe Einblicke in das Wesen der Naturvorgänge zu gewinnen und *vom Wissen zur Erkenntnis* aufzusteigen.

Komplexe Problemnetze kann man nur dann erfolgreich managen, wenn man die Hintergrundstrukturen und Schlüsselfaktoren erkennt. Dazu fehlen aber meist die erforderlichen exakten Informationen.

Nach dem pythagoreischen Denkmodell, das auch bei allen schöpferischen Persönlichkeiten bis in unsere Gegenwart zu finden ist, gibt es ein *psychisch-energetisches Informationsfeld,* das außerhalb des menschlichen Gehirns zu suchen ist. Ein Erkenntnisfeld, zu dem jeder Mensch Zugang hat. Der Zugang zur Intuition ist nicht nur einigen wenigen auserwählten Menschen vorbehalten; diese Fähigkeit gehört zu unserem geistigen Erbe.

Der Zugang zu diesem intuitiven Informationsfeld kann jedoch nicht mit logischen Argumentationsketten »erdiskutiert« werden, da es sich linear-rationalem Denken entzieht. Das menschliche Denken läuft weitgehend noch immer so ab, wie es in der Zeit der Neandertaler sinnvoll war, wird aber den Situationen, die heute zu bewältigen sind, nicht mehr gerecht.

Wir können in einer vollkommen veränderten Wirklichkeit nicht mehr mit den Denkinstrumenten von gestern weitermanagen.

Gefordert ist ein geistiger »Quantensprung«, der zukunftsorientiert ist und sich nicht mehr nach der Vergangenheit ausrichtet. Denn was man aus der Vergangenheit lernen kann, ist eben nur, daß man aus der Vergangenheit nichts lernt. Wir können nicht in der Geschichte nachschlagen, wie man die Probleme von heute löst.

Was früher top war, reicht morgen nicht mehr aus.

Wir brauchen eine höhere Erkenntnisqualität. Wir müssen lernen, außerhalb unseres »Ego-Bewußtseins« nachzudenken, um so eine höhere Führungsqualität zu entwickeln, die über dem Ego steht.

Das Tempo der Evolution hat sich in dramatischer Weise beschleunigt. Dazu ein Beispiel:

Das Jahr der Evolution

»Im Januar unseres Modelljahres finden wir die irdischen Festlandkontinente bereits mit einer dichten Vegetationsdecke überzogen, und die Evolution der Säugetiere beginnt. Im März treten die ersten Vogelarten auf, im Mai neue Laubbäume wie Feigen, Magnolien, Pappeln. Der Juli bringt den Höhepunkt in der Entfaltung der Riesenreptilien, aber gegen September sterben sie aus, auch die Dinosaurier. Im Oktober setzt die Entwicklung der Primaten ein und in der zweiten Novemberwoche diejenige der Menschenaffen. Zwischen Weihnachten und Neujahr erscheinen unsere aufrecht gehenden und Steinwerkzeuge benutzenden Vorfahren ...«

Denken wir dieses Modell weiter, so folgen die technischen Neuerungen in immer schnellerem Rhythmus.

»18 Minuten vor Mitternacht wird das hölzerne Wagenrad erfunden, 3 Minuten später die Bronzelegierung. Blitzableiter und Dampfmaschine werden erstmals 36 Sekunden, Automobile 13, Flugzeuge 12 Sekunden vor Mitternacht konstruiert. Das Schädlingsbekämpfungsmittel DDT wurde vor 5 Sekunden entdeckt, die phosphathaltigen Waschmittel sind vor 4 Sekunden auf den Markt gebracht worden, und heute, also Punkt Mitternacht unseres Modelljahres, haben wir eine Fortschrittsgeschwindigkeit erreicht, die alle 4 Sekunden die gesamte bisher vom Menschen geschaffene Menge von Zivilisationsgütern verdoppelt.« (Basler/Bianca, zitiert bei Dyllick, »Gesellschaftliche Instabilität und Unternehmensführung«)

Wir sehen in diesem erstaunlichen Modell, wie nach einem unendlich langsamen Beginn sich nun alles fast beängstigend schnell entwickelt – und wir müssen die Notwendigkeit einsehen, unsere *geistigen Prozesse* einer solch rasanten Entwicklung *anzupassen.*

Die geforderte besondere Stufe der erhöhten Erkenntnisqualität erreichen wir, indem wir lernen, unsere kognitiven Aktivitäten zu steuern. Der Manager von heute muß lernen, seine geistigen Prozesse bewußt zu kontrollieren und zu lenken. Das geht nur, indem er sein Bewußtsein verändert und sein geistiges Erbe antritt.

Dazu braucht er drei geistige Werkzeuge:

1. Die Imagination,
   also die Fähigkeit der bildhaften Vorstellung. Zum Ausdruck

der intuitiv erfaßten Vision und zur Vermittlung dieser Vision benötigt er

2. die Affirmation,
   also die Wiederholung bestimmter Sprachmuster in Form eines Mantra, so daß sich die Vision den Mitarbeitern mitteilt und einprägt. Dazu eine dritte Fähigkeit –
3. die Fähigkeit, die Zukunft zu erinnern.
   (Bezeichnung nach Marylyn Ferguson)
   Es ist die Fähigkeit, über das psychisch-energetische Informationsfeld der Intuition Informationen über die zukünftige Entwicklung generell und in speziellen Bereichen abzurufen, wann immer sie benötigt werden, sie rational zu überprüfen und sinnvoll in Entscheidungen einzubauen.

Die so »erinnerte Zukunft« wird mit Hilfe der Imagination bildhaft ausgeformt und durch die Affirmation dem Bewußtsein der Mitarbeiter mitgeteilt und darin zur klaren Vision, zum Leitbild gefestigt.

Dieser »geistige Quantensprung«, der von dem neuen, ganzheitlichen Management gefordert wird, ist ohne besondere Qualifizierung und Ausreifung der Persönlichkeit nicht möglich. Ratio, Strategie und Systemsteuerung sind kognitive Prozesse und daher weitgehend unabhängig von der Persönlichkeit. Sensibilität, Reife und Weisheit dagegen sind nicht denkbar ohne persönliche Harmonie und Arbeit an sich selbst.

Diese Arbeit an sich selbst führt fast automatisch zu einer wirklichen *Selbstsicherheit*, einer Sicherheit, die nicht aus bestimmten Ansichten über sich selbst resultiert, sondern aus der Erkenntnis der unbegrenzten Fähigkeiten des wahren Selbst. Daraus ergibt sich dann erst die umfassende Handlungskompetenz des modernen Managers der Zukunft.

Der Manager der Zukunft kann nicht umhin, sein Ego zu transzendieren; denn *Ego-Transzendenz* ist die Voraussetzung für die Qualifizierung von Visionen – und wahre Visionen werden *über* dem Ego entwickelt und nicht *vom* Ego. Das Ego jedoch versucht, die Transzendenz zu verhindern; versucht, den Blick auf das Überbewußtsein zu blockieren. Das in sich verfestigte Ego will nur sich selbst sehen und nicht das Höhere.

Das Ego aber kann nur das zeigen, was man schon weiß, und bleibt so stets im »Gefängnis des Gestern«. Nur das außerhalb der Zeit stehende *Überbewußtsein* kann die Zukunft meistern. Das mag manchmal wie ein Wunder erscheinen, aber:

Wunder geschehen nicht im Widerspruch zur Natur, sondern nur im Widerspruch zu dem, was uns über die Natur bekannt ist.

Der Manager der Zukunft weiß, daß die Welt von morgen durch den Geist von heute geschaffen wird, und er sorgt dafür, daß ihn heute schon der Geist von morgen beseelt. Denn die Kraft des Unterbewußtseins, gepaart mit der schöpferischen Intelligenz der Intuition, macht möglich, was das rationale Denken nicht einmal erahnen und viel weniger noch realisieren kann. Die Hauptaufgabe des neuen Managers ist die Optimierung der Leitvision, die ständig überprüft und aktualisiert werden muß. Nur so kommt es zu einer zukunftsorientierten Führung eines Unternehmens.

Dazu braucht er allerdings ein Training der ganzheitlichen Persönlichkeit, denn dies ist das Führungsinstrument des Managers.

Er muß in der Lage sein, drei Bereiche zu beherrschen:

- *sich selbst, das Ego*
- *die Gruppe, seine Mitarbeiter*
- *das Umfeld.*

Beherrschen nicht im Sinne von herrschen, sondern im Sinne eines harmonischen Umgangs mit diesen Bereichen und der Fähigkeit, sie auch untereinander in Harmonie zu bringen.

Er muß also immer schneller und effektiver lernen, um sich den veränderten Wirklichkeiten schneller und flexibler anpassen zu können.

Er sollte in der Lage sein, sich selbst ständig in Frage stellen zu können und überholte Verhaltensmuster zu erkennen und aufzulösen bzw. durch zeitgerechte Muster zu ersetzen, ohne sich jedoch selbst zu verlieren oder sich aus Angst selbst zu idealisieren.

Er sollte darüber hinaus eine hohe allgemeine *Konflikttoleranz* haben – und den Mut, sich einzugestehen, wo derzeit seine Grenzen sind, und gerade dadurch seine Überlegenheit zeigen.

Mit einem Wort, er sollte ein klares Selbstbild haben bei gleichzeitiger hoher Bereitschaft zur Selbstkritik. Er sollte sich jedoch auch von Fremdkritik nicht beirren lassen, sondern erkennen, daß es sich hierbei immer nur um die Meinung eines anderen handelt. Entweder hat dieser recht, dann kann ich ihm nur dankbar sein, daß er mich auf einen Mangel aufmerksam macht, oder er hat unrecht, dann betrifft es mich gar nicht – der andere hat sich einfach geirrt.

Vor allem sollte der Manager von morgen den Mut haben, hilfreiche Möglichkeiten zu erkennen und zu nutzen wie in diesem Fall die Intuition – und auch den Mut, dazu zu stehen. Er sollte nicht versuchen, seine intuitiven Erfahrungen möglichst logisch und rational zu rechtfertigen.

Zukunftsvorhersagen für wirtschaftliche Entwicklungen werden meist durch Hochrechnungen vorhandener Daten mit Hilfe eines Computers erstellt. Die Daten liefern die Statistik, die Wirtschaftswissenschaften und die Soziologie. Trotz aller Sorgfalt verlaufen aber dann die Entwicklungen zumeist ganz anders, so daß der Manager letztlich auf seine Intuition angewiesen ist.

So werden die Ausbildung der Persönlichkeit des Managers, seine Sensibilität und sein persönliches Weltbild zu Voraussetzungen für seinen Erfolg. Denn alle Prognosen können zwar wertvolle Hilfen sein, aber sie können niemals die unternehmerische Intuition ersetzen.

Die Ausreifung der Persönlichkeit aber ist zu einem hohen Maße abhängig davon, welche Antworten der Manager auf die Grundfragen des Lebens gefunden hat, auf die Fragen:

Wer bin ich wirklich?
Was ist der Sinn des Lebens?

Vielleicht sagen Sie, die Frage nach dem Sinn des Lebens sei eine reine Glaubensfrage und habe mit Wissenschaft nichts zu tun. Darauf können wir nur antworten, daß alle großen Wissenschaftler von Einstein bis Heisenberg sich durch ihre wissenschaftliche Arbeit und ihre Erkenntnisse gezwungen sahen, das materialistische Weltbild aufzugeben und nach dem Sinn dahinter zu suchen.

Der Manager der Zukunft wird also den »geistigen Quantensprung« von der logischen rational-linearen Denkweise zur intuitiven Erkenntnis und Entscheidungsfindung tun müssen, da anders die Aufgaben nicht mehr zu lösen sind. Das menschliche Gehirn besitzt zwar etwa 15 Milliarden Nervenzellen, die ausreichen, um sämtliche Informationen der Welt von der Vergangenheit bis in die ferne Zukunft zu speichern – aber wir müssen auch lernen, sie wirkungsvoll zu nutzen.

Das ideale Instrument hierzu heißt Mentaltraining.

Die beiden Wissenschaftler Barr und Charon haben gezeigt, daß *Geist die Materie formt.* Je fester und präziser die geistige Vorstellung ist, desto klarer, fast schon dinglicher wird die gedachte Vision und um so leichter setzt sie sich durch und manifestiert sich als äußere Erscheinung.

Eine ähnlich starke *wirklichkeitsschaffende Kraft* hat das *Wort,* wenn es gezielt eingesetzt wird und wenn die gestaltgebenden Gesetzmäßigkeiten des Wortes beachtet werden.

Wort und Bild sind die idealen Instrumente, um geistige Werte zu schaffen, die sich bei entsprechender *Konzentration* auch materiell manifestieren. Wer Wort und Bild handhaben lernt, kann seinen Mitarbeitern die Kraft und die Richtung geben, ohne ihre Autonomie zu beeinträchtigen oder ihr Selbstwertgefühl zu reduzieren. Denn ein Manager als Befehlserteiler ist von gestern.

Aufgabe des Managers von morgen ist es nicht, auf alle Fragen die richtigen Antworten zu haben, sondern vielmehr, *die richtigen Fragen zu stellen.* Das ist keine Frage einer überlegenen Intelligenz, sondern der Qualifizierung der Persönlichkeit.

Seine Aufgabe ist Unternehmensplanung durch Herstellung einer *zukunftsorientierten Vision.* Nur so wird er wirklich zum Führer des Unternehmens. Eine solche Vision läßt sich allerdings nicht aus den zur Verfügung stehenden Sachinformationen ableiten. Trotzdem muß und kann der Manager Entscheidungen treffen, die sich in der Zukunft als richtig erweisen.

Einige Fragen zur Erwartungshaltung

Nun haben Sie schon einiges über die Zielrichtung unserer Methode erfahren. Bevor Sie weiterlesen, hier noch einige Impulse, mit deren Hilfe Sie sich Ihre Motivationslage und Ihre weitere Erwartungshaltung bewußtmachen sollen.

1. Mit welchen Erwartungen habe ich mir dieses Buch gekauft?

____

____

____

2. Welches wären meine Traumvorstellungen von einem Ergebnis der Arbeit mit dem Buch?

____

____

____

____

3. Welche Vorstellungen habe ich nach dem Lesen des vorangegangenen Kapitels von den Möglichkeiten des Mentaltrainings?

---

4. Bin ich bereit, in der Richtung, die dieses Kapitel aufzeigt, mitzudenken und mitzugehen? Was bedeuten für mich z. B. die folgenden Begriffe? Sind sie positiv oder negativ besetzt?

Intuitives Denken

Bewußtseinsveränderung

Kreativität

Vision

Innere Harmonie

Imagination

Sensibilität

Qualifizierung der Persönlichkeit

»Geist formt Materie«

5. Was bedeutet für mich *Erfolg?*

Was ein *erfülltes Leben?*

6. Worin können für mich ganz persönlich die konkreten Chancen des Mentaltrainings liegen?

Weiterführende persönliche Notizen

Wer Träume verwirklichen will,
muß wacher sein und
tiefer träumen als andere.

Karl Foerster

Geistige Grundlagen des Mentaltrainings

Um die Wirkungsweise des Mentaltrainings verstehen zu können, müssen wir zunächst einmal eine ganz grundsätzliche Erkenntnis anerkennen:

Wir selbst sind verantwortlich für unseren Lebensweg. Den Bildern unserer Gedanken wohnt wirkliche Kraft inne, und wir setzen mit unseren Gedanken und Vorstellungen die Ursachen für alles, was uns in unserem Leben widerfährt.

Dieses geistige Gesetz ist schon seit alten Zeiten immer wieder von weisen Menschen formuliert worden. Versenken wir uns einmal in die folgenden Aussprüche, und stellen wir uns auch deren Konsequenzen vor:

»Wir sind das Produkt
unserer Gedanken.«
Schopenhauer

»Das Leben eines Mannes ist das,
was seine Gedanken daraus machen.«
Marc Aurel

»Das, was jemand von sich selbst denkt,
bestimmt sein Schicksal.«

Mark Twain

»Wenn du könntest glauben.
Alle Dinge sind möglich dem, der da glaubt.«

Bibelvers

Jeder Mensch ist Schöpfer, Träger und Überwinder seines Schicksals. Jeder Gedanke und jedes Gefühl ist eine Ursache, der eine Wirkung folgt. Und diese Wirkung entspricht in ihrer Qualität der Ursache.

Schicksal ist also weder unerforschlicher Ratschluß Gottes noch blinder Zufall. Es ist vielmehr das denkbar gerechteste Gesetz. Es lautet: *»Jeder bekommt das, was er verursacht.«* (Nach einer Veröffentlichung des »Hauses für Naturheilkunde«, Bergisch-Gladbach)

Unser Leben besteht aus einer Folge von Handlungen. Vor jeder Handlung aber steht ein Gedanke oder ein Gefühl oder beides. Vom ersten Tag unseres Lebens an werden wir geprägt durch Lust- und Unlustgefühle, durch Ängste, durch Freude und Schmerz. Alle diese Erfahrungen werden in unserem Unterbewußtsein gespeichert – nichts geht verloren.

Unsere Handlungen werden also bewußt und/oder unbewußt von unseren Gedanken gesteuert. Unser Leben verläuft normalerweise zu etwa 90 % nach unseren unbewußten Prägungen. Die Gesamtheit unserer Einstellungen, Meinungen, Vorurteile, Gefühle usw. bestimmt unser Erleben in der Welt. *Unsere äußere Wirklichkeit ist eine Abbildung unserer inneren Wirklichkeit.*

Warum ist beispielsweise der eine Mensch strahlend selbstsicher und erfolgreich und ein anderer voller Selbstzweifel, geplagt von Ängsten und Mißerfolgen? Warum scheint dem einen alles in den Schoß zu fallen, während der andere verbissen schuftet und doch auf keinen grünen Zweig kommt?

Wir können davon ausgehen, daß der erste, der glückliche Mensch, den Kontakt zu seinem mächtigsten Verbündeten, zu seinem Unterbewußtsein, hergestellt und dessen unermeßliche Kraft zu nutzen gelernt hat.

»Diese Kraft müssen Sie nicht erst erwerben – Sie besitzen sie bereits. Sie brauchen nur noch ihre Wesensart und Wirkungsweise zu erfassen, um sie erfolgreich in allen Bereichen Ihres Lebens anwenden zu können. Sie werden den Platz im Leben erringen, der Ihnen zusteht und den Sie – und nur Sie allein – auf das vollkommenste ausfüllen können.«

(Ch. Dillinger in *Ganzheitliche Methodik* 4/80)

Wir können uns unsere Welt selber schaffen und formen, der Ansatz dazu liegt im mentalen Training. Mit dem bewußten Erkennen unserer ungünstigen Prägungen und mit einem neuen positiven Programm entscheiden wir, welche Kräfte und Energien sich in uns entwickeln und welche wir nach außen zeigen.

Wenn wir bisher andere verantwortlich gemacht haben für unser Leben, so übernehmen wir nun *selbst* die Verantwortung. Nicht mehr die Eltern sind schuld, die Politiker, der Zeitgeist usw. Sie selbst bestimmen frei, wie Ihr Leben ab heute aussieht. Machen Sie es sich immer wieder klar: Es sind unsere Gedanken, mit denen wir unser Leben bestimmen, unsere Vorstellungen und unsere geistigen Gewohnheiten. Ändern wir diese, und es geschieht ein Wunder. Wunder sind ganz alltägliche Ereignisse für Menschen, die die geistigen Gesetze kennen und danach leben.

Das Selbstkonzept

Wir wissen nun, daß z. B. auch unser Selbstimage, unser inneres (unbewußtes) Selbstkonzept, ganz entscheidend ist für unsere Leistungen, für unsere Erfolge bzw. Mißerfolge.

Machen wir gleich einmal die Probe aufs Exempel: Durch die Beantwortung der folgenden Fragen erfahren Sie, wie es um Ihr Selbstbild bestellt ist. Und wahrscheinlich ergeben sich schon hier einige Punkte, an denen Sie ansetzen können, um Entscheidendes in Ihrem Leben zu verändern.

	stimmt	stimmt teilweise	stimmt nicht
Im Grunde bin ich ein Versager.	☐	☐	☐
Meine Erfolge sind reine Glückssache.	☐	☐	☐
Ich rechne eigentlich immer mit Mißerfolgen.	☐	☐	☐
Ich bin intelligent.	☐	☐	☐
Ich bin liebenswert.	☐	☐	☐
Andere Menschen legen Wert auf meine Gesellschaft.	☐	☐	☐
Ich kann positiv auf meine Umgebung einwirken.	☐	☐	☐
Ich sehe gut aus.	☐	☐	☐
Ich habe eine starke Ausstrahlung.	☐	☐	☐

	stimmt	stimmt teilweise	stimmt nicht
Vor einer schwierigen Aufgabe denke ich oft: »Das schaffe ich nicht.«	☐	☐	☐
Ich arbeite systematisch und rationell.	☐	☐	☐
Ich habe oft Angst davor, Fehler zu machen.	☐	☐	☐
Es ist mir sehr wichtig, was andere über mich denken.	☐	☐	☐
Es gibt sehr wenige Menschen, die mich wirklich mögen.	☐	☐	☐
Einige Probleme werde ich nie lösen können.	☐	☐	☐
Ich bin geduldig und ausdauernd.	☐	☐	☐
Mit vielen Konflikten bin ich überfordert.	☐	☐	☐
Ich werde oft ungerecht behandelt.	☐	☐	☐
Ich habe viele gute Freunde.	☐	☐	☐
Ich habe weniger Chancen erhalten als andere.	☐	☐	☐
Ich werde meine momentanen Schwierigkeiten auf jeden Fall in den Griff bekommen.	☐	☐	☐
Ich verdiene es, glücklich und erfolgreich zu sein.	☐	☐	☐
Auf andere wirke ich nicht sehr anziehend.	☐	☐	☐
Ich selbst bestimme, wie ich leben will.	☐	☐	☐
Ich fühle mich häufig Zwängen ausgesetzt.	☐	☐	☐
Ich fühle mich meist stark und selbstbewußt.	☐	☐	☐

Bisher hast du andere
oder dich selbst
für alles verantwortlich gemacht.

Aber ein Teil von dir weiß,
daß es nur einige
ungeschickte Verhaltensgewohnheiten
deines Verstandes sind,
die dich immer wieder verleiten,
unglückliche Zustände
zu schaffen.

Betrachte einmal genau,
was du dir selbst antust.

Ken Keyes jr.

Mentales Training – was ist das eigentlich?

»Mentaltraining ist eine umfassende Methode der positiven Lebensgestaltung – die bewußte Beeinflussung des eigenen Denkens, Wollens und Tuns –, eine systematisch gegliederte Methode, die befähigt, das Schicksal in die eigene Hand zu nehmen – die gezielte Nutzung unserer geistigen Fähigkeiten, um bestehende Probleme und Konflikte zu lösen und Wünsche zu verwirklichen.« (Reinhard Sepac: *Erfolgreich durch Mentaltraining*)

Dr. A. Bierach beschreibt es so: »Im Zustand vertiefter Entspannung Bilder sehen. Wie das Wort ›Training‹ besagt, spielt die Wiederholung eine bedeutende Rolle ... Beim mentalen Training versuchen wir ganz bewußt, unbewußt zu lernen, also so, wie wir als Kind gelernt haben. Wir wenden dabei Techniken an, mit denen wir möglichst viele Denkvorgänge ausschalten und uns dafür direkt an unser Unterbewußtes wenden.«

(In: *Mentales Training*)

Alle diese Aussagen können wir unterschreiben. Das Mentaltraining ist ein universelles geistiges Werkzeug – die uralte Technik, das höchste schöpferische Potential des Menschen auf die Verwirklichung einer Sache zu richten.

Mentaltraining ist ein uraltes Geheimwissen, ein Universalschlüssel zu Ihrem inneren geistigen Potential. Es hilft Ihnen, Ihre Probleme zu lösen, Ihre Wünsche zu erfüllen und Ihre Ziele sicher zu erreichen; und das alles in einem Bruchteil der bisher benötigten Zeit.

Die einzelnen Techniken des Mentaltrainings sind besonders wirksame und hilfreiche Methoden (sozusagen die »Goldkörner«) verschiedener geistiger Systeme wie zum Beispiel der Psychokybernetik, des Yoga, der Selbsthypnose, der schöpferischen Imagination und des autogenen Trainings.

Durch mentales Training lernen wir, die drei Kräfte des Menschen harmonisch zu beherrschen und zu nutzen:

- *das Bewußtsein*
  und damit die Kraft der Gedanken
- *das Unterbewußtsein*
  und damit die unbewußten Energien des Menschen
- *das Überbewußtsein* und damit die Kraft der Intuition als universellen Ratgeber aus dem Allbewußtsein.

Diese Kräfte stehen jedem Menschen zur Verfügung, und es liegt in Ihrer Hand, sie in Besitz zu nehmen und sinnvoll einzusetzen. Prüfen Sie aber vorher gründlich, ob Sie das, was Sie sich wünschen, auch wirklich haben wollen.

Der Mensch hat gelernt,
alles zu beherrschen:
Elektrizität, Maschinen, Computer.
Das Größte wie das Kleinste –
nur das Nächste nicht:
sich selbst.

Mit dem menschlichen Geist aber
ist es wie mit einem Fallschirm:
Er nützt nur etwas,
wenn er sich entfaltet.

Formulieren wir einige konkretere Beispiele:

Durch Mentaltraining versetzen Sie sich (unter anderem) in die Lage
- Streß abzubauen
- Kreativität und intuitive Fähigkeiten zu steigern
- Probleme und Konflikte angstfrei und effektiv zu lösen
- berufliche und private Ziele zu erreichen
- unabhängig zu werden von der Meinung anderer
- Ihre Mitarbeiter zu motivieren
- tieferes Verständnis zu erlangen für Ihr Unternehmen und dessen Umfeld
- Veränderungen selbst herbeizuführen, statt passiv darauf zu reagieren
- durch Beachtung Ihrer Intuition weitreichende richtige Entscheidungen zu treffen
- sich Ihrer wahren Lebensziele bewußt zu werden und sie zu erreichen.

Ohne es zu wissen, haben Sie schon geistige Techniken angewandt – meistens jedoch in der negativen Form. Sie müssen nun lernen, diese stärkste Kraft des Universums in die gewünschte Richtung zu lenken, und Sie werden erreichen, was Sie wollen. Lernen Sie die unwiderstehliche Macht Ihres Denkens kennen und bewußt einsetzen. Erkennen Sie, *daß Denken das Bewegen geistiger Energie ist;* und beharrlich bewegte Energie muß sich materiell verwirklichen.

Wie man nun diese Energie auf die richtige Art und Weise bewegt, wie man sie verstärkt und für seine Ziele einsetzt, davon sei in den folgenden Kapiteln die Rede.

Die Macht positiver Gedanken und Gefühle

»Wer auf Mißerfolg programmiert ist, den überzeugen 5 Mißerfolge mehr als 95 Erfolge.« (Dr. A. Bierach)

Wie sehr das Denken unser Leben beeinflußt, haben wir ansatzweise schon erläutert. Wir müssen uns unbedingt ganz klar darüber werden, welch entscheidende Macht unsere Gedanken, Vorstellungen und Gefühle über unser Schicksal besitzen ... und dann die richtigen Konsequenzen ziehen.

Unsere Gedanken wirken wie ein Prisma, das die kosmische Kraft in die entsprechende positive oder negative Form lenkt.

Alles, was existiert, ist zuvor gedacht worden. In der Schöpfungsgeschichte heißt es: »Im Anfang war der Logos.« Das heißt sowohl Gedanke, Wort oder auch Tat. Bevor ich aber etwas tun kann, muß ich es denken. Es gibt keine Wirklichkeit ohne den entsprechenden vorausgehenden Gedanken. Alles, was ist, sind materialisierte Vorstellungen, gedachte Tat-Sachen oder verwirklichte Gedankenbilder. *Die Ur-Sache ist immer geistiger Natur.*

Wir alle setzen (meist unbewußt) in jeder Minute unseres Lebens Ursachen, die sich als Glück oder Leid, als Krankheit oder Wohlbefinden, mit einem Wort als Schicksal manifestieren. Ich werde zu dem, was ich denke.

Und nun liegt die Konsequenz wohl klar auf der Hand: Wir müssen unser Denken bewußt ins Positive lenken, unsere Gedanken kontrollieren lernen. Wir müssen lernen, alles Negative in unseren Gedanken zu erkennen, aufzulösen und durch Positives zu ersetzen.

Ein kleiner Schlüssel, der selbst nur wenige Gramm wiegt, kann eine Tresortüre öffnen, die viele Tonnen wiegt. Der Schlüssel zu Ihrer inneren Schatzkammer heißt: *Gedankendisziplin.*

Nur mit Gedankendisziplin kann man seine Erkenntnisse auch in die Tat umsetzen und so die erwünschten Wirkungen hervorrufen. Nur mit Gedankendisziplin wird man sein Schicksal.

Sobald Ihr Denken positiv ist, wird Ihr Leben sich zum Positiven verändern. Damit wir uns aber nicht mißverstehen: Wir wollen hier keinesfalls die Verdrängung negativer Gedanken und Gefühle propagieren. Es geht nicht darum, das Negative nicht wahrnehmen zu wollen, sondern darum, es keine Macht über uns gewinnen zu lassen. Interessant sind in diesem Zusammenhang die Empfehlungen Dr. John Diamonds zum Umgang mit dem negativen Gefühl des Ärgers:

»Wenn Sie zum Beispiel sehr verärgert sind, dann empfehle ich keineswegs, daß Sie diesen Ärger verdrängen. Das würde Ihnen nur auf andere Weise schaden. Ich rate Ihnen aber auch nicht dazu, diesem Ärger Luft zu machen und ihn so richtig herauszulassen, das würde Ihnen und den anderen schaden. Mein Vorschlag ist vielmehr, den Ärger umzuwandeln, das heißt, sein Vorhandensein anerkennen und auch merken, daß er Sie und andere verletzt, dann mit viel Überzeugung die entsprechende Affirmation sagen und den Genesungswillen aktivieren. *Dadurch wird der Ärger mittels positiver Gefühle überwunden.* Es gibt ihn nicht länger. Er hat sich verwandelt, umgeformt in etwas Positives, Produktives, und Ihre Lebensenergie wurde dadurch angeregt.«

(In: *Die heilende Kraft der Emotionen*)

Ganz ähnlich verfahren wir mit negativen Gedanken. »Ertappen« Sie sich dabei, wie Sie destruktiv denken, und schieben Sie diesen Gedanken nicht einfach zur Seite. Sehen Sie ihn sich an, akzeptieren Sie, daß er da ist – um ihn dann umzuwandeln und einen positiven Gedanken an seine Stelle zu setzen.

Spricht jemand von seinen Problemen, so denken wir in *Lösungen* und überlegen, wie man hilfreich sein könnte. Spricht jemand von seinen Krankheiten, überlegen wir, was zur *Gesundung* führen könnte. So nehmen wir alle negativen Ereignisse und Informationen zum Anlaß, uns erneut bewußt dem Positiven, Hilfreichen, Aufbauenden zuzuwenden.

Das gesprochene Wort ist oft noch mächtiger als der Gedanke. Achten Sie daher besonders darauf, daß Sie sich eine positive Sprache schaffen, die zu Ihren positiven Gedanken paßt und sie ergänzt.

Worte, die zu meiden sind: Angst, Haß, Krankheit, Sinnlosigkeit usw. Durch solche Worte werden Energien freigesetzt, die Ihre Vitalität belasten und ungünstige Lebensumstände schaffen.

Einige konkrete Möglichkeiten, das positive Denken systematisch einzusetzen:

Die Morgenvorschau

Sobald Sie morgens aufwachen, sollten Sie zwei Energien aktivieren: Begeisterung und Erwartung. Wecken Sie Begeisterung und Erwartung in sich für das Gute, das der Tag Ihnen bringen wird, indem Sie daran denken, daß Erfolg oder Fehlschlag gleichgültig ist, da Sie in beiden Fällen der Gewinner sind. Beim Erfolg gewinnen Sie an Selbstbestätigung und beim Fehlschlag an Erfahrung und einer besseren Chance, es beim nächsten Versuch doch noch zum Erfolg zu führen – *denn ein Fehlschlag ist immer nur ein Zwischenergebnis.*

Öffnen Sie sich ganz den Möglichkeiten, die Ihnen der neue Tag bietet, ohne an eventuell vorhandene Scherben von gestern zu denken. Spielen Sie in Gedanken zu erwartende Begegnungen und Situationen so durch, wie Sie sie erleben möchten. So setzen Sie die erwünschten geistigen Ursachen.

Machen Sie es sich zur Gewohnheit, jeden Morgen den Tag mit positiven Gedanken zu programmieren wie z. B. »Es wird mir heute alles, was ich mir vorgenommen habe, mit Leichtigkeit gelingen.«

Mit folgenden Gedanken werde ich die nächsten Tage programmieren:

____

____

____

____

____

____

____

____

Die Tagesrückschau

Lassen Sie vor dem Einschlafen den Tag noch einmal vor Ihrem geistigen Auge vorüberziehen. Fragen Sie sich, welche Dinge von Bedeutung waren und welche nicht. Wenn Sie das Gefühl haben, etwas sei falsch gelaufen, Sie hätten sich nicht richtig verhalten – erleben Sie es mental um (siehe folgende Seite), und machen Sie es so zu einem imaginären Erfolgserlebnis.

So lassen Sie bewußt den Tag los, nachdem Sie ihn »bereinigt« haben, und freuen sich auf den nächsten Tag.

Beschließen Sie den Tag regelmäßig mit harmonisierenden, versöhnlichen Gedanken wie z. B. »Ich verzeihe allen Menschen, die mich heute verletzt haben« oder »Ich danke für diesen Tag, der mich in meiner Entwicklung einen Schritt weitergebracht hat«.

Meine eigenen »Tagesabschluß-Gedanken«:

Das mentale Umerleben

Wenn Sie feststellen, daß Sie falsch gehandelt oder reagiert haben, sollten Sie natürlich sofort die Konsequenzen ziehen und Ihre Handlungsweise korrigieren. Sollten Sie jedoch erst nachträglich feststellen, daß eine Handlung falsch war, können Sie zwar die Handlung nicht mehr ändern, aber die Folgen des unerwünschten Handelns und vor allem Ihre zukünftige Handlungsweise durch mentales Umerleben weitgehend korrigieren.

Das Unterbewußtsein kann nicht unterscheiden zwischen Realität und einer lebendigen Vorstellung.

Sobald Sie erkannt haben, daß Ihr Verhalten nicht richtig war, versetzen Sie sich noch einmal in die entsprechende Situation und erleben jetzt, wie Sie sich ideal verhalten und die Situation optimal meistern. Versuchen Sie, die neue Szene ganz lebendig, bildhaft und detailliert vor sich zu sehen. Das Unterbewußtsein arbeitet vor allem mit Bildern (wie wir in einem späteren Kapitel noch ausführlich erläutern werden); je bildhafter und exakter eine Information ist, desto schneller geht sie ins Unterbewußtsein über. Und je entspannter Sie bei Ihrer Vorstellung sind, desto eher wird Ihr Unterbewußtsein diese Imagination als Erfolg speichern und mit der Zeit das erwünschte Verhalten annehmen.

Um Ihr Unterbewußtsein besonders zu beeindrucken, stellen Sie sich dabei auch das freudige Gefühl und die Zufriedenheit vor, nun richtig gehandelt zu haben.

Übungen zum positiven Denken

1. Denken Sie an einen Mitarbeiter, der Ihnen im Moment Sorgen bereitet oder der Ihnen einfach unsympathisch ist.

   Schreiben Sie hier nun mindestens fünf nette Dinge über ihn:

   ____

   ____

   ____

   ____

   ____

2. Denken Sie an eine Situation, die Ihnen in den letzten Tagen unangenehm war.

   Welche positiven Aspekte können Sie ihr dennoch abgewinnen?

   ____

   ____

   ____

3. Erinnern Sie sich an eine Situation, in der Sie sich Ihrer Meinung nach nicht richtig verhalten haben oder die sich nicht Ihren Wünschen gemäß entwickelt hat.

   Schreiben Sie die Szene hier so auf, wie sie hätte aussehen sollen:

4. Entwerfen Sie hier nun Ihr durchgehend positiv gedachtes *Selbstkonzept:*

Jeder Haß ist Selbsthaß,
und dieser ist ein tödliches Gift.
Dr. J. Murphy

Liebe ist Kraft.
Wer liebt, ist immer der Stärkere;
und wer das Leben liebt,
ist unbesiegbar.
P. Mulford

Ähnlich wie mit unserem Denken verhält es sich auch mit den Emotionen – sie entscheiden über die Schwäche oder die Stärke unserer Vitalität.

»Die Thymusdrüse kontrolliert unsere Lebensenergie. Wenn wir uns wohl fühlen wollen, wenn wir das Gleichgewicht aller psychischen und physischen Energien wünschen, wenn wir widerstandsfähig gegenüber Streß sein wollen, müssen wir die Energie unserer Thymusdrüse noch erhalten. Die Thymusdrüse wird von den mächtigsten positiven und negativen Gefühlen kontrolliert, den Urgefühlen, aus denen alle übrigen Emotionen ... herrühren.

Ist die Thymusdrüse aktiv, so sind wir auf dem Weg der Gesundheit und der positiven Lebenseinstellung. Um die Thymusdrüse anzuregen, sollten wir deshalb einen Lebensweg einschlagen, der von Furcht, Angst, Mißgunst und Neid weg zu den positiven Emotionen wie Liebe, Glauben, Vertrauen, Dankbarkeit und Mut führt.«

(Dr. John Diamond: *Die heilende Kraft der Emotionen*)

Es ist sehr eindrucksvoll, wie spontan unser Körper auf verschiedene Gefühlslagen reagiert. Er antwortet sofort auf alle Wahrnehmungen und Stimmungen. Die Muskelspannung verändert sich spürbar, je nachdem, welcher Gedanke und welches mit diesem Gedanken in Zusammenhang stehende Gefühl gerade Ihr Bewußtsein erfüllt. Sobald Sie von Gefühlen erfüllt sind, die Ihre Psyche, Ihre Lebensenergie schwächen, nimmt die Muskelspannung deutlich ab. Dies hört sich fast unglaublich an, aber wir können den Effekt mit einem kleinen Experiment sofort testen:

Halten Sie Ihren linken Arm seitlich vom Körper gerade ausgestreckt. Bitten Sie einen Partner, seine linke Hand auf Ihre rechte Schulter zu legen und mit seiner rechten Hand Ihren Arm (hinter dem Handgelenk) herunterzudrücken. Sie werden dem Druck sicherlich standhalten können, das heißt, der Muskel reagiert stark.

Wenn Sie dann den Test wiederholen und dabei z. B. an etwas Angsteinflößendes denken oder an eine Person, die Sie hassen, wird der Muskel schwach reagieren, das heißt, Ihr Testpartner wird Ihren Arm herunterdrücken können.

(Nach Dr. J. Diamond)

Nun stärken Sie den Muskel wieder, indem Sie die Stirnbeinhöcker halten. Hierdurch wird der mentale Streß wieder abgebaut. Sie vergewissern sich, daß der Muskel wieder stark ist, und sind bereit für einen weiteren mentalen Test.

Wir können uns auch einmal ein persönliches Problem vorstellen, und sofort wird der vorher starke Muskel schwach. Nun aber denken wir weiter und stellen uns vor, wie wir das Problem einer Lösung zuführen, und erleben, wie froh wir sind, dieses Problem endlich gelöst zu haben (Freude und Glück empfinden), und allein dadurch wird der schwache Muskel wieder stark. Wir stärken ihn mental, indem wir uns weitere schöne Situationen vorstellen wie Urlaub, Meditation, schöne Musik etc.

Wir erkennen daraus, daß *jede unschöne Wahrnehmung* – sei es in der Realität oder in der Vorstellung – *unmittelbar unseren Körper schwächt*, daß aber ebenso *jede schöne Wahrnehmung* sofort *unseren Körper stärkt* und unsere *Gesundheit und unser Wohlbefinden harmonisiert.*

Verblüffend ist, daß fast jeder Mensch sofort schwach reagiert, wenn er seinen eigenen Namen hört oder seinen Namen und seine Adresse zu sich selbst sagt. Leben wir mit uns selbst so in Disharmonie, daß uns der Gedanke an unsere eigene Person schon schwächt?

Um ein Gefühl für Schwäche zu bekommen, bitten Sie Ihren Partner, mit der offenen Hand an Ihrer Körpermitte beidseitig, also hinten und vorn, von oben nach unten vorbeizustreichen. Wenn das Gefühl der Schwäche verinnerlicht ist, streicht er mit der offenen Hand beidseitig wieder nach oben, er wiederholt dies dreimal, und Sie können das Gefühl der Stärke mit dem der Schwäche vergleichen.

Man kann aber auch lernen, sich selbst wieder zu stärken, indem man sich vorstellt, wie die Energie entlang der Körpermitte hochfließt.

Auch das Lächeln hat eine stärkende Wirkung – ja, man kann sagen, einen therapeutischen Wert. Sorgen Sie dafür, daß Sie so oft wie möglich lächeln, und testen Sie einmal selbst die stärkende Wirkung. Interessant ist, daß das Ergebnis vom Verstand nicht verändert werden kann. Also testen Sie in Zukunft die verschiedenen Einflüsse Ihrer Umgebung, gleich was Sie bisher darüber gedacht haben. Suchen Sie Dinge, Umstände und Menschen, die Sie stärken, und meiden Sie möglichst alles, was Sie schwächt. Sie haben es von nun an selbst in der Hand.

Testmöglichkeiten

Stärkt mich dieses Nahrungsmittel?
Ist dieses Medikament wirklich hilfreich für mich?
Ist diese Musik gut für mich?
Stärkt oder schwächt mich die Vorstellung eines bestimmten Menschen?

Wie reagiere ich auf dieses Bild?
Soll ich dieses Jahr wieder nach xxx in den Urlaub fahren?
Wie gut ist meine Schlafstelle, meine Schlafdecke?
Wie reagiere ich auf bestimmte Tiere?
Bekommt mir Wein, Schnaps, Bier etc.?
Ist diese Tätigkeit gut für mich?
Wie wirkt diese Information auf mich? – etc.

Auch die Stimme eines jeden Menschen hat einen sofortigen Einfluß auf uns. Testen Sie einmal die Stimmen von Politikern, Nachrichtensprechern, Schauspielern und Freunden. Auch was Sie sagen ist wichtig. Sagen Sie doch einmal zu jemandem, daß Sie ihn hassen oder daß er häßlich sei, sich unmöglich benehme oder ähnliches. Obwohl der andere weiß, daß es nur ein Experiment ist, wird er schwach reagieren. Aufbauende Worte dagegen werden ihn sofort wieder stärken.

An zwei Beispielen wollen wir auf den folgenden Seiten kurz darstellen, wie wir mit negativen, schwächenden Gefühlen umgehen können:

Feindseligkeiten abbauen
(Methode nach José Silva)

»Wenn Sie jemanden nicht mögen und ihm gegenüber feindselige Gefühle hegen, so ist dies allein Ihr ganz subjektives Problem. Selbst wenn der andere sich im Umgang mit Ihnen unmöglich verhält und Ihnen sogar Schaden zufügt, es ist *Ihr* persönliches Problem, wenn Sie dem auch noch Negatives hinzugesellen, das den Schaden verschlimmert.«

(Aus *Die Silva-Mind-Control-Methode für Führungskräfte*)

Wie nun aber mit Gefühlen der Feindseligkeit, der Antipathie fertigwerden? Sicher hilft es nichts, einen Menschen, den man nicht mag, plötzlich zu umarmen und Sympathie zu heucheln. Versuchen Sie es einmal folgendermaßen:

Erstellen Sie eine Liste mit allen Menschen, zu denen Ihr Verhältnis von negativen Gefühlen getrübt ist, bei denen Sie z. B. Neid, Mißgunst oder gar Haß empfinden. Begeben Sie sich in einen entspannten Zustand (siehe Kapitel »Entspannung«), und stellen Sie sich die erste Person Ihrer Liste vor. In Gedanken berichten Sie diesem Menschen von Ihren Gefühlen ihm gegenüber und nehmen den Teil Ihrer eigenen Schuld auf sich. Sie schlagen vor, daß Ihr Umgang miteinander in Zukunft von Harmonie und gegenseitiger Achtung geprägt sein soll. Sie sehen ganz deutlich vor Ihrem geistigen Auge, wie der andere erfreut zustimmt. Sie reichen sich die Hände und sind beide erleichtert über Ihre Übereinkunft.

Nach dieser Methode können Sie allen Personen Ihrer Liste gegenüber eine neue Haltung gewinnen. Sie werden sehen: In kurzer Zeit werden Ihnen diese Menschen (so wie Sie ihnen) mit viel mehr Wärme und Achtung begegnen.

Ärger macht alles nur noch ärger

Es gibt kaum Menschen, die sich nicht mehr ärgern – aber es gibt sie, und das beweist, daß es möglich ist. Es gibt viele Arten, mit seinem Ärger umzugehen. Manche beißen auf die Lippen, laufen rot an, ballen vielleicht sogar die Fäuste, sagen aber nichts. Andere machen ihrem Ärger durch laute Worte Luft, oder sie werden verletzend und fragen nicht mehr danach, ob sie dem anderen Unrecht tun. Wir sollten aber nicht ein Unrecht mit einem anderen beantworten, zumal wir das Unrecht oft selbst verursacht haben. Wir sollten auch nicht glauben, wir müßten uns ärgern. Ärger ist immer das Produkt einer schlechten Gefühlskontrolle und hat viele Nachteile. Die Vitalität wird durch Ärger stark belastet. Der Blutdruck steigt, und Krankheiten werden geradezu herausgefordert. Kopfschmerzen, Müdigkeit und Magengeschwüre, aber auch schlechter Schlaf und schlechte Laune können Folgen des Ärgers sein. Niemand kann es sich eigentlich leisten, sich zu ärgern.

Der Anlaß des Ärgers ist weniger wichtig als die Art, wie der einzelne auf bestimmte Ärgernisse reagiert. Es hängt also davon ab, wie man ein Ereignis einschätzt, wie wichtig man etwas nimmt und wie man damit fertig wird. Es hängt also von unserer *Einstellung* ab, und *nicht von den äußeren Umständen.*

Worüber ärgern wir uns? Über Probleme, Umstände oder Dinge, über andere oder uns selbst. Aber ganz gleich, worüber wir uns ärgern, der Preis ist immer unsere Gesundheit. Können wir uns den Ärger überhaupt leisten?

Ich lasse Ärger los, indem ich

1. jeden Menschen so annehme, wie er ist, und es ihm überlasse, ob und wann er sich ändern will.
2. alle Erwartungen loslasse und allem gestatte, so zu sein, wie es eben ist. Solange ich Erwartungen habe, erlebe ich zwangsläufig immer wieder Ent-täuschungen. Und ich betrüge mich um viele Geschenke des Lebens: Kommt es, wie ich erwartet habe, bin ich nicht besonders glücklich, schließlich habe ich das ja erwartet. Kommt es anders, ärgere ich mich.
3. erkenne, daß nichts und niemand auf der Welt die Macht hat, mich zu ärgern. Nur *ich* kann mich ärgern – wenn ich will, über alles und jeden. Und nur ich kann es lassen, endgültig.

Dein Leben
kann erfolgreich,
begütert,
angesehen
und einflußreich sein.

Aber es wird nicht genügen.

Du wirst dein Potential
zum Glücklichsein nicht erreichen,
wenn du nicht
sehr viel Liebe zu dir selbst
und deinen Mitmenschen erlebst.

Ken Keyes jr.

Ziele erreichen durch Mentaltraining

Wie setze ich das Mentaltraining konkret ein, um meine Ziele zu erreichen und mir bestimmte Wünsche zu erfüllen? Wir wollen nun Schritt für Schritt aufzeigen, wie Sie vorgehen müssen, um Ihr Unterbewußtsein effektiv und eindeutig für ein bestimmtes Vorhaben zu programmieren. Hier beschreiben wir zunächst ganz grob das Vorgehen, um dann in den folgenden Kapiteln die einzelnen Techniken zu erläutern und zu trainieren.

Der erste Schritt besteht immer darin, sein *Ziel* ganz klar und eindeutig *festzulegen,* so daß man sich den Zustand nach Erreichen des Ziels (den gewünschten Endzustand) genau vorstellen kann. Haben wir diese Voraussetzung erfüllt, kommt es darauf an, das Unterbewußte als Verbündeten zum Erreichen des Ziels zu gewinnen. Wir müssen es sozusagen mit den richtigen Informationen »füttern«; es darauf programmieren, uns bei unserem Vorhaben vollkommen zu unterstützen.

Dieses ist dann der nächste Schritt. Um mit unserem Unterbewußtsein in Kontakt zu kommen, begeben wir uns in einen Zustand tiefster Entspannung und imaginieren die gewünschte Situation. Das Unterbewußte kann bildhafte Informationen am besten verarbeiten – also ist es von großer Bedeutung, Vorstellungen sehr plastisch, in deutlichen Bildern sehen zu können.

Und als weiteren Schritt laden wir diese Vorstellungen mit positiven Gefühlen auf. Wir identifizieren uns völlig mit unserem Vorhaben und wecken Begeisterung und Freude im Zusammenhang mit unserem Ziel. Wir konzentrieren uns während der ganzen Zeit in hohem Maße und glauben fest daran, daß unsere Vorstellungen Wirklichkeit sein werden.

Und nun an die Arbeit: In den folgenden Kapiteln finden Sie die einzelnen Aspekte wie Zielfestlegung, Entspannung, Imagination, Konzentration, Glaube usw. aufgeschlüsselt und mit Übungsanleitungen versehen. Das Trainieren und Anwenden der einzelnen Techniken wird Sie in die Lage versetzen, alles zu erreichen, was Sie wirklich wollen, denn Sie werden den *besten Ratgeber* und *Verbündeten* mobilisieren, den Sie haben: *sich selbst.*

Über Wünsche und Ziele

Viele Menschen erreichen ihre Ziele nicht,
weil sie sich gar keine Ziele setzen.

Zugegeben, dieser Satz mag banal oder auch zu extrem klingen, aber er enthält eine einfache, grundlegende Wahrheit: Die entscheidende Voraussetzung zum Erreichen eines Zieles oder zur Erfüllung eines Wunsches ist eine *klare, präzise Zielfestlegung*. Unstrukturierte, diffuse Vorstellungen und Sehnsüchte führen nicht zu zielgerichteten Handlungen. Sie haben nicht die Kraft, die Energien Ihres Unterbewußtseins zu mobilisieren. Je klarer und konkreter uns der erstrebte Endzustand vor Augen steht, desto sicherer und vollkommener wird er sich verwirklichen.

Nehmen wir ein einfaches Beispiel. Ihr (unstrukturierter) Wunsch lautet: »Ich möchte mich nicht mehr so von meiner Arbeit vereinnahmen lassen. Ich möchte mehr Zeit haben, die ich für mich nutzen kann.« Durch eine solch allgemeine Sehnsucht wird sich höchstwahrscheinlich gar nichts ändern – außer daß Sie im weiteren noch mehr unter der zu hohen Arbeitsbelastung leiden werden.

Folgende Zielvorstellung dagegen würde die gewünschten Resultate auslösen: »Heute in 2 Monaten habe ich mindestens drei

Stunden am Tag ganz zu meiner Verfügung, um das und das zu tun. Und zwar erreiche ich dies, indem ich folgende Arbeiten nach und nach delegiere: …, Sitzungen verkürze …, folgende Tätigkeiten besser vorausplane … usw. … usw.«

Nachdem wir unser Ziel
endgültig aus den Augen
verloren hatten,
verdoppelten wir
unsere Anstrengungen.

Mark Twain

Wer in der falschen
Richtung geht,
dem hilft auch
galoppieren nichts.

Emil Oesch

Die zweite Voraussetzung für das sichere Erreichen eines Zieles ist, daß Sie es wirklich von ganzem Herzen wollen. Echtes, tiefes Wollen – wir können es auch *Begeisterung* nennen – ist ein sehr starker innerer Antrieb, mit dem sich jedes Vorhaben verwirklichen läßt.

Häufig setzen wir uns Ziele, die nur den Zweck haben, den Erwartungen unserer Umwelt gerecht zu werden und dem gerade herrschenden Zeitgeist zu entsprechen. Es ist oft nicht leicht, auf Anhieb zu spüren, ob etwas dem echten eigenen Bedürfnis entspricht oder ob man etwas nur erreichen will, um sich der Anerkennung anderer zu versichern. Wie viele junge Menschen sind z. B. in ihrem beruflichen Leben schon gescheitert, weil sie ganz einfach den falschen Beruf gewählt haben; einen Beruf, der vor allem den Erwartungen der Eltern, der Lehrer, der Umwelt entsprach, für den sie aber nicht die rechte Motivation aufbringen konnten. Während sie dann oft in ihrem zweiten, ihren wirklichen Bedürfnissen entsprechenden Beruf nicht nur glücklich, sondern auch sehr erfolgreich wurden.

Versichern Sie sich, daß wirklich *Sie* ein bestimmtes Ziel erreichen wollen, daß Ihr Wunsch nicht auf dem Wollen anderer basiert, daß Sie nicht nur der Erwartung Ihrer Umgebung entsprechen wollen.

Als weiteren Schritt müssen wir klären, ob unser Wunsch nicht mit dem geistigen Gesetz *verletze niemanden* kollidiert, das wir auf der folgenden Seite erläutern wollen.

Das geistige Gesetz *verletze niemanden*

Immer wieder schaffen Menschen bewußt oder unbewußt Umstände, die ihnen schaden, oder, was noch schlimmer ist, die anderen schaden. Damit stören sie die Harmonie der anderen und setzen automatisch für sich eine negative Bedingung. Bevor ich daher eine Bedingung setze, muß ich mich vergewissern, daß ich damit niemandem schade, auch nicht mir selbst.

Der selbstsüchtige und rücksichtslose Gebrauch der mentalen Schöpfungskraft kann nur schädlich sein. Das heißt nicht, daß wir diese Kraft nicht gebrauchen sollten oder dürften, um materielle Vorteile zu erlangen. Im Gegenteil, auch dazu ist diese Kraft bestimmt; wenngleich der weiseste Gebrauch der ist, mit ihrer Hilfe die eigene Entwicklung zu fördern und zu beschleunigen.

Aber es gibt einen richtigen und einen falschen Weg, und der falsche Weg besteht darin, diese Vorteile auf Kosten anderer zu verwirklichen. Ich darf grundsätzlich so viel beanspruchen, wie ich erlangen kann, ohne einem anderen Menschen Schaden zuzufügen. *Meine eigene Freiheit wird nur durch die Freiheit des anderen eingeschränkt.*

So sollte ich mir nicht ein *bestimmtes* Haus oder einen *bestimmten* Partner wünschen, da ich damit in die Interessen eines anderen eingreife und außerdem gar nicht weiß, ob das für mich sicher von Vorteil wäre. Besser ist es, das *richtige* Haus, die *richtige* Position, den *richtigen* Partner zu wünschen, um es dann dem Schicksal zu überlassen, was für mich wirklich das Richtige ist.

Schreiben Sie hier doch gleich einmal auf, welche Wünsche und Zielvorstellungen Ihnen im Moment ganz spontan in den Sinn kommen:

____

____

____

____

Gehen Sie nun Ihre Liste durch, und streichen Sie alle Wünsche, die den genannten Anforderungen nicht genügen. Fragen Sie sich:

- Will wirklich ich die Erfüllung dieses Wunsches?
- Ist er meiner Entwicklung förderlich?
- Kann ich echte Begeisterung aufbringen?
- Wird durch die Erfüllung des Wunsches niemand geschädigt?

Wählen Sie nun von den übriggebliebenen Zielen dasjenige aus, dessen Verwirklichung Sie sich am meisten wünschen, das Ihnen vor allem am Herzen liegt. Von jetzt an werden sich alle Kräfte Ihres Geistes auf das Erreichen dieses Zieles konzentrieren können, und das Mentaltraining kann seine volle Wirkung entfalten.

Wie sieht der gewünschte Endzustand für dieses Ziel konkret aus? Versuchen Sie einmal, die Situation, nachdem Sie Ihr Ziel erreicht haben, möglichst detailliert zu beschreiben. Um eine optimale Wirkung zu erreichen, sind hierbei einige Regeln zu beachten:

1. Die Beschreibung sollte sehr genau und unmißverständlich sein.
2. Sie muß positiv gehalten sein.
   Da ja – wie wir gesehen haben – das Unterbewußte jeden Gedanken in eine bildhafte Vorstellung umwandelt und mit Verneinungen nichts anfangen kann, dürfen wir auch hier nicht mit negativen Vorstellungen arbeiten.
   Also z. B. *nicht:* »Ab morgen stottere ich nicht mehr.« Bei dieser Formulierung liegt das Gewicht auf der Vorstellung des Stotterns, und so wird dieser Zielgedanke wirkungslos bleiben müssen.

Besser: »Ab morgen rede ich fließend und fühle mich in jeder Kommunikationssituation sicher und entspannt.«

3. Wählen Sie die Gegenwarts-Form
   Nicht: »In Zukunft werde ich sicherer auftreten.«
   Besser: »Ich trete immer sicherer auf.«
   Auf diese Weise verstärken Sie die Vorstellung, daß Ihr Ziel tief in Ihrem Innern bereits Wirklichkeit ist.
4. Richten Sie die Aufmerksamkeit auf Ihr eigenes Verhalten.
   Also *nicht:* »Mein Partner versteht mich immer besser.«
   Sondern eher: »Ich komme meinem Partner immer näher.«
   oder: »Wir verstehen uns immer besser.«

Die genaue Formulierung meines Zieles

Das »Übermantra«

Bei dieser äußerst wirksamen Technik handelt es sich um eine Mischung aus der Formelbildung nach Coué und indischer Mantra-Technik.

Der französische Apotheker Coué beeinflußte zu Beginn des 20. Jahrhunderts stark die Entwicklung autosuggestiver Methoden. Er war sich durchaus der Schwierigkeit bewußt, daß Mißtrauen und Zweifel auf der bewußten Ebene häufig die Wirkung von Suggestionen einschränken oder sogar unmöglich machen können. Er fand aber heraus, daß auf die Dauer doch der Wille, also unsere bewußte Seite, der menschlichen Vorstellungksraft unterlegen ist.

Das heißt, daß Suggestionen bei häufiger regelmäßiger Wiederholung tatsächlich ins Unterbewußte absinken und dort die inneren Kräfte des Menschen mobilisieren wie z. B. die Selbstheilungskraft. So hatte die Wiederholung der Formel *»Es geht mir von Tag zu Tag in jeder Hinsicht besser und besser«* eindeutig einen äußerst positiven Einfluß auf die Gesundheit und die psychische Verfassung vieler seiner Patienten.

Im indischen Yoga wird eine ähnliche Formelbildung benutzt. Der Yoga-Schüler meditiert hierbei mehrere Stunden des Tages über eine kurze, aussagekräftige Formel, deren Sinn sich ihm mehr und mehr erschließt und deren Aussage immer mehr zu seinem geistigen Eigentum wird.

Das »Übermantra« ist nun eine Kombination aus beiden Techniken, die alle Vorteile in sich vereint.

Wählen Sie sich zunächst einen Satz, eine kurze, einprägsame und rhythmische Formel, die Ihnen leicht von den Lippen geht und den von Ihnen gewünschten Endzustand beschreibt. Solche Formeln können lauten:

»Ich bin eins mit dem Leben und völlig gesund.«
»Lernen macht Freude und führt zum Erfolg.«
»Jede Zelle meines Körpers ist gesund und stark.«

Meine eigene Formel:

____

____

____

____

Nehmen Sie sich nun etwa 20 Minuten Zeit, und suchen Sie sich einen Ort, an dem Sie in dieser Zeit nicht gestört werden. Wiederholen Sie diese von Ihnen ausgesuchte Formel für etwa 20 Minuten ununterbrochen, und zwar so schnell hintereinander, daß sich kein anderer Gedanke in Ihrem Bewußtsein einnisten kann. Für diese Zeit soll Ihr einziger Gedanke Ihre Formel sein. Die Wiederholungen müssen so schnell sein, daß Sie während 20 Minuten keine Gelegenheit haben, an etwas anderes als an Ihr Ziel zu denken.

Die Wirkung dieser Methode ist verblüffend. Zum einen werden Sie nach 20 Minuten feststellen, daß die Formel Ihr gesamtes Bewußtsein ausfüllt. Sie haben in diesen 20 Minuten keine andere geistige Ursache als nur das von Ihnen formulierte Ziel gesetzt. Und Sie werden sehen, daß auch jetzt, wo Sie mit der Rezitation aufgehört haben, die Formel in Ihnen weiterklingt wie ein Lied, eine Melodie, die Sie nicht mehr loswerden. Dieser Effekt ist beabsichtigt, weil so die Formel das Bewußtsein und das Unterbewußtsein noch lange Zeit in positiver Weise beeinflußt.

Nun werden Sie Ihr Bewußtsein wieder anderen Dingen zuwenden, doch das Verblüffende ist, daß, auch wenn Sie nach einigen Stunden in sich hineinhorchen, die Formel immer noch in Ihnen klingt. Wie ein Rad, das Sie einmal in Bewegung gesetzt haben und das nun sehr lange in Ihnen ausschwingt. Jetzt genügen ganz kurze Zeiten der neuen, bewußten Wiederholung, um das »Rad wieder in Schwung zu bringen«, so daß die Formel Ihnen wieder für längere Zeit im Bewußtsein ruht. Wenn Sie dieses Rad von nun an immer in Bewegung halten, werden Sie miterleben, wie Sie und die Umstände Ihres Lebens sich zu Ihren Gunsten zu verändern beginnen. Denn wir wissen: Jeder unserer Gedanken ist schöpferische Energie, und eine solche Ballung von Energie hat auch eine entsprechend tiefgreifende Wirkung zur Folge.

Das Ziel auf der bewußten Ebene

Bevor wir unser Ziel auf der Ebene des Unterbewußten, des Mentaltrainings, weiterverfolgen, hier noch einige Anregungen, die eher die alltägliche, die bewußte Ebene betreffen. Auch hier bedarf es noch einiger gedanklicher Vorarbeit, um Ihre schöpferische Kraft zu mobilisieren und in die richtigen Bahnen zu lenken. Schritt für Schritt werden Sie so Ihrem Ziel näherkommen.

Es ist eine große Hilfe, sich die einzelnen Maßnahmen, die zum Erreichen eines Zieles getroffen werden müssen, von Anfang an vor Augen zu führen und möglichst schriftlich festzuhalten. Und auch Hindernisse, die jetzt schon vorhersehbar sind, sollte man sich bewußt machen, um nicht von ihnen überrascht und so verunsichert zu werden.

Die Voraussetzungen zum Erreichen meines Zieles (sind sie gegeben, oder muß ich einige noch schaffen?):

Maßnahmen, die getroffen werden müssen:

Mögliche Hindernisse auf dem Weg:

Möglichkeiten zur Überwindung dieser Hindernisse:

Was und wer kann mir auf dem Weg behilflich sein:

Weitere Gedanken und Vorstellungen, die mein Ziel betreffen:

Das Wunder der Imaginationskraft

Wenn Wille und Vorstellungsvermögen
um die Herrschaft kämpfen,
gewinnt immer
das Vorstellungsvermögen.
Emile Coué

»Die *Willenskraft* braucht einen Feind, den sie besiegen kann, bevor sie ein gestecktes Ziel erreicht. Sie versucht, hart zu sein; aber wie die meisten harten Burschen wird sie zum Taugenichts, wenn der Weg steinig wird. Es gibt ein sanfteres, einfacheres Mittel, um schlechte Angewohnheiten abzulegen – das *Vorstellungsvermögen* (Imagination). Es greift direkt nach dem Ziel, *es erreicht, was es sich vorgenommen hat.*« José Silva

Die Sprache des Unterbewußtseins ist die Sprache der Bilder. Es setzt jede Information um in eine bildhafte Vorstellung und speichert diese. Denken wir z. B. »Hoffentlich bekomme ich keine Erkältung«, so versteht das Unterbewußte das Bild »Erkältung« und versucht, diese Vorstellung zu manifestieren. Wir sehen also, wie gefährlich es ist, in Befürchtungen und Ängsten zu denken, denn das Unterbewußtsein kann mit der sprachlichen Verneinung nichts anfangen – es entwickelt unmittelbare, bildhafte Vorstellungen aus der sprachlichen Information, die dann zur Verwirklichung drängen.

Auf der anderen Seite können wir diese Erkenntnis wunderbar für uns nutzen: Wenn wir unsere Ziele, den gewünschten Endzustand, in deutlichen Bildern vor uns sehen, beeinflussen wir unser Unterbewußtsein sehr direkt und effektiv, und wir programmieren es in der von uns gewünschten Richtung.

»Das Denken in Bildern geht dem Denken in Worten voraus, und diese Art des primären Denkens bleibt lebenslänglich Teil des subjektiven Erlebens – in Form von Träumen, Phantasien und Vorstellungen. *Innere Bilder sind ein leistungsfähiges Werkzeug für Selbstregulierung und Selbstentwicklung;* sie können auch Träger tiefer intuitiver Einsichten sein. Innere Bilder werden unmittelbar wahrgenommen und vermitteln in einem Augenblick Gefühle und Beobachtungen, die nur mit vielen Worten zu beschreiben wären.« (Frances E. Vaughan: *Intuitiver leben*)

Im Sport zum Beispiel werden diese Erkenntnisse schon lange umgesetzt, indem bildhafte Vorstellungen der zu erbringenden Leistung in erstaunlicher Weise das Training optimieren. K. Porter und J. Foster berichten in diesem Zusammenhang über ein sehr interessantes Erlebnis: Ed Boyd, Trainer an der Universität von Oregon, brachte einer Turnerin eine sehr komplizierte Übung nur dadurch bei, daß diese sich die Übung immer wieder genau vorstellte. Beim ersten realen Versuch führte sie sie perfekt aus. Dies erschreckte den Trainer so sehr, daß er zunächst einmal keine Experimente mit Imaginationen mehr auszuführen wagte.

(Aus: *Mentales Training – Der moderne Weg zur sportlichen Leistung*)

Ein Beispiel aus der medizinischen Praxis

Im Frühjahr 1978 wurde beim zehnjährigen Garret Porter die Diagnose »unheilbarer Gehirntumor« gestellt. Im Oktober 1978 wurde er zur Psychologin P. Norris gebracht, die bei der Menninger Foundation an einem Projekt mitarbeitete, das die Bekämpfung von Krankheiten mit dem Geist erforschte.

Nach ihren Anweisungen spielte Garret nun jeden Tag in der Imagination »Krieg der Sterne«. Er stellte sich sein Gehirn als Sonnensystem vor und den Tumor als bösen eindringenden Planeten; sich selbst als Kommandant der Raumschiffflotte, die den Planeten zu zerstören versuchte. Ein Jahr nach der Diagnose »unheilbarer Tumor« konnte er den Tumor nicht mehr imaginieren. Eine Untersuchung zeigte, daß dieser tatsächlich verschwunden war. Dr. E. Green, berühmter Biofeedback-Forscher und Leiter des Forschungsprojektes ist davon überzeugt, daß nur die Imagination für die Heilung verantwortlich war.

Konsequenzen für unsere Arbeit

Der erwünschte Endzustand sollte bildhaft detailliert ausgearbeitet und in natürlichen Farben und in natürlicher Umgebung vorgestellt werden. Dabei sollte die Vorstellung immer präziser werden.

Dazu brauchen wir *Einbildungskraft,* um die bildhafte Vorstellung des Zustandes zu schaffen, und *Vorstellungskraft,* um das Bild vor Augen zu führen. Jedes Kind kann das, aber mitunter verlernen wir mit der Zeit diese Fähigkeit, weil wir sie kaum benutzen. Doch zum Glück kann man alles, was man verlernt hat, auch wieder erlernen.

Diese bildhafte Vorstellung kann sich beziehen auf:
- konkrete Gegenstände
- abstrakte Begriffe und Werte
- einen Handlungsablauf (Filmszene)
- sich selbst (Selbstbild).

Als Hilfsmittel für die Vorstellung kann die (später erläuterte) »Leinwandtechnik« dienen. Wenn das nicht ausreicht, kann man sich ein tatsächliches Bild schaffen – eine Zeichnung, Fotos oder auch eine Collage.

Je klarer das Bild, um so leichter kann sich Energie zur Verwirklichung darin sammeln, und je öfter und länger ich das Bild auf dem »geistigen Bildschirm« festhalte, desto länger fließt Energie darauf.

Wichtig ist auch die *Identifikation* mit dem erwünschten Endzustand: Wie fühle, verhalte ich mich dann?

Ist das Bild lebendig genug, macht es sich selbständig. Das heißt, anfangs bestimme ich die Details, aber allmählich »entstehen« sie vor meinem geistigen Auge, bis sie bei wiederholter Vorstellung die endgültige Form angenommen haben.

Wenn Sie ein solches Bild vor Ihrem geistigen Auge sehen und einige Minuten festhalten, hat es sich bereits auf der geistigen Ebene verwirklicht. Da aber materielle Veränderungen Energie brauchen, ist zur Manifestierung auf der physischen Ebene die entsprechende Menge Energie zur Verfügung zu stellen und mit dem Bild zu verbinden. Eine einfache Veränderung kann mit einer Mentaltrainingssitzung verwirklicht werden, eine große Sache kann unter Umständen hundert Sitzungen benötigen. Das ist auf der geistigen Ebene nicht anders als in der Physik.

Ist das Bild geschaffen und mit ausreichend Energie versorgt, dann muß es noch *verinnerlicht* werden. Ich nehme es in Besitz, indem ich mich damit identifiziere, ich spüre, wie ich mich dann fühle, und sehe, wie ich mich dann verhalte. Vor allem spüre ich das starke Gefühl der Dankbarkeit für die Erfüllung. Dann lasse ich es vollkommen los, damit es sich manifestieren kann.

Vielleicht glauben Sie, daß nun nichts mehr unmöglich ist. Das ist grundsätzlich auch richtig, wenn Sie ausreichend Energie mobilisieren können. Nur die Menge der zu mobilisierenden Energie setzt Ihnen noch Grenzen. Dabei sind wir von einem unerschöpflichen Meer von Energie umgeben; wir können davon aber nur soviel bewegen, wie wir durch die Größe unserer Persönlichkeit fassen können. Indem Sie Ihr Bewußtsein erweitern, vergrößern Sie die Menge der für Sie nutzbaren Energie.

Die »Leinwandtechnik«

Für die meisten Menschen ist es schwierig, ihre Gedanken zu beruhigen und auf ein Ziel zu richten. Um trotzdem das Bild des gewünschten Endzustandes auf dem geistigen Bildschirm halten zu können, stellen Sie sich doch einmal eine leere Leinwand vor – wie im Kino, bevor der Film beginnt.

Auf diese leere Leinwand projizieren Sie dann Stück für Stück ein lebendiges und detailliertes Bild dessen, was Sie schaffen wollen. Wenn Sie es lebendig und präzise vor Augen haben, lassen Sie es Teil eines kleinen Filmes werden, sehen Sie z. B., wie man Ihnen zur bestandenen Prüfung gratuliert, wie Sie in das neue Haus einziehen, wie Sie die neue Stellung antreten usw.

Erleben Sie diesen Film mit allen Sinnen, verinnerlichen Sie ihn dann, und nehmen ihn damit in Besitz.

Beispiel einer praktischen Anwendung der Imagination

Nehmen wir einmal an, daß Sie abnehmen wollen. Imaginieren Sie den erwünschten Endzustand, und aktivieren Sie dabei alle Sinne.

Sehen Sie sich immer wieder ein Bild an, das Sie noch dünn zeigt, damit Sie so Ihrem Unterbewußtsein Ihr neues ideales Selbstbild vor Augen führen. Wenn Sie kein solches Bild besitzen, malen Sie einfach bei einem anderen mit einem Filzstift die überflüssigen Pfunde weg.

Stellen Sie sich ganz lebendig vor, wie Sie eine Hose anziehen, die Ihnen schon lange nicht mehr paßt, und fühlen Sie, wie sie ganz locker sitzt und Sie sich frei darin bewegen können. Verbinden Sie diese Vorstellung mit einem starken Gefühl der Freude und Erleichterung.

Hören Sie in der Imagination, wie Sie von allen Seiten Komplimente bekommen wegen Ihres großen Erfolges beim Abnehmen und Ihrer guten Figur.

Schmecken Sie lebhaft die Speisen, die Sie beim Abnehmen bevorzugen wollen, und bejahen Sie freudig diese Speisen, die Ihrem Körper nicht nur eine gute Figur, sondern auch Gesundheit schenken.

Danken Sie Ihrem Unterbewußtsein für seine Hilfe bei der Verwirklichung des erwünschten Zustandes, und geben Sie ihm genaue Anweisungen, wie es Ihnen auch in Zukunft behilflich sein kann, Ihre Ziele sicher zu erreichen.

Imaginationstraining

Übung 1

- Sorgen Sie dafür, daß Sie eine Zeitlang nicht gestört werden.
- Setzen Sie sich bequem hin, und entspannen Sie sich mit Hilfe einer Ihnen angenehmen Technik (siehe hierzu auch das folgende Kapitel).
- Schauen Sie sich einen der auf der folgenden Seite abgebildeten Gegenstände genau an.
- Schließen Sie die Augen, und sehen Sie den Gegenstand in allen Einzelheiten vor sich.
- Wenn das Vorstellungsbild unklar wird, können Sie noch einmal einen Blick riskieren.

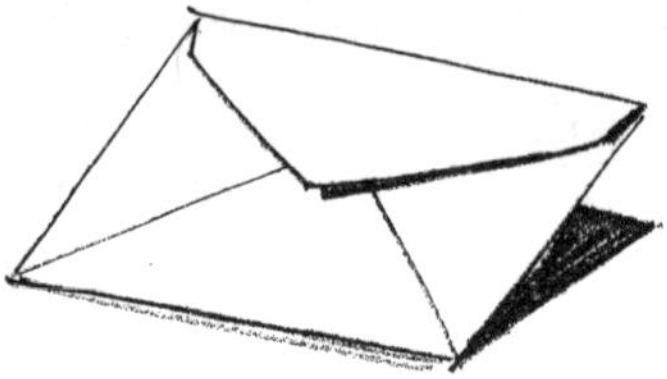

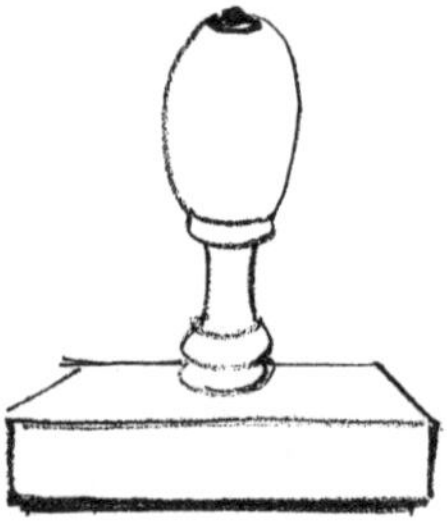

Übung 2

Führen Sie Übung 1 – sobald sie mit den schwarz-weißen Abbildungen gelingt – mit farbigen Bildern aus, anschließend mit realen Gegenständen.

Imaginieren Sie farbig, detailliert und plastisch.

Suchen Sie sich ein Bild aus, das Sie gefühlsmäßig positiv anspricht, und kleben Sie es unten auf die Seite.

Ihr eigenes farbiges Übungsbild:

Übung 3

Lassen Sie jede Figur eine Minute lang so oft wie möglich in der Perspektive kippen.

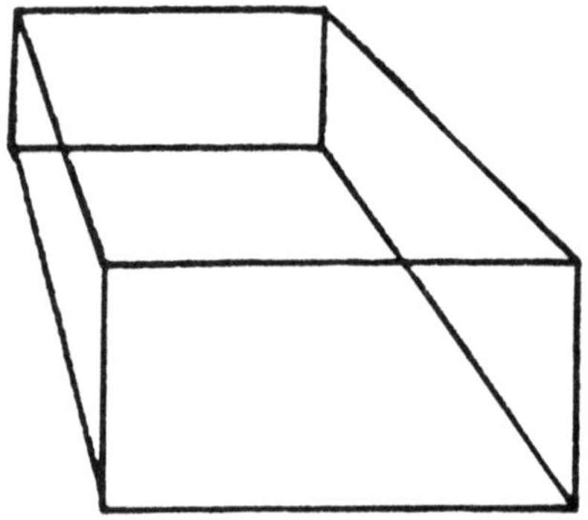

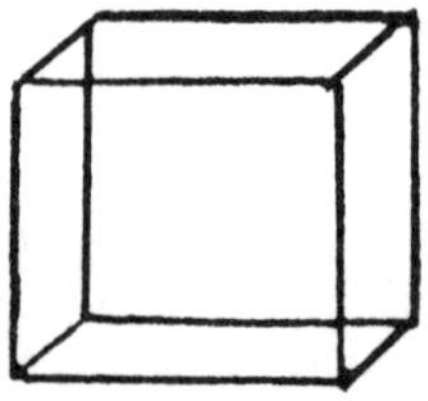

Übung 4

Stellen Sie sich – nach der Entspannungseinführung – *Gegenstände und Personen aus Ihrer Vergangenheit* vor, die Ihnen viel bedeutet haben.

Übung 5

Stellen Sie sich *Szenen aus Ihrer Vergangenheit* vor, die sich Ihnen sehr eingeprägt haben (z. B. ein Geburtstagsmorgen als Kind, das Bestehen einer wichtigen Prüfung, die erste Liebe usw.).

Übung 6

»Positivierung« des Selbstkonzeptes (nach R. Sepac):

Im Kapitel über das positive Denken haben Sie schon ein Selbstkonzept entworfen, das bewußt Ihre positiven Seiten in den Vordergrund stellt. Diese Übung nun wird dazu beitragen, dieses Selbstimage zu stärken – sie wird Ihnen helfen, Ihre positive Vorstellung von sich selbst in Ihrem Unterbewußtsein zu verankern.

Imaginieren Sie:

Sie treffen jemanden, der Sie anstrahlt und voller Bewunderung für Sie ist. Er sagt Ihnen, was er an Ihnen alles schätzt und liebt; daß er Sie völlig akzeptiert und annimmt. Es kommen weitere Menschen hinzu, die Ihnen Komplimente machen über Ihr Aussehen, Ihr Handeln, Ihre bewundernswerten Eigenschaften. Immer mehr Leute strömen herbei und erklären, warum sie Sie so sehr bewundern. Zum Schluß sind Sie von einer ganzen Menschenmenge umgeben, die Ihnen zujubelt und Beifall klatscht.

Vielleicht ist Ihnen diese Übung zunächst einmal ein wenig peinlich. Das wird vergehen, wenn Sie sie einige Male durchgeführt haben. Sie werden sehen, daß einige Wiederholungen der Übung tatsächlich das Selbstwertgefühl steigern können.

Vor der eigentlichen Imagination hier ein paar Vorüberlegungen, damit Sie sich dann auf die vorgestellten Bilder konzentrieren können und nicht mehr überlegen müssen, wer z. B. was gesagt hat:

Wo findet das Geschehen statt?

____

Welche Person kommt zuerst auf Sie zu?

____

Was sagt sie?

____

____

____

____

____

____

Wer sind die nächsten Personen?

1. ____

2. ____

3. ____

4. ____

Was sagt

Nr. 1: ____

____

Nr. 2: ____

____

Nr. 3: ____

____

Nr. 4: ____

____

Für weitere Äußerungen anderer Menschen sollten hier allerdings Ihrer Phantasie keine Grenzen gesetzt werden.

Jedesmal, wenn Sie ich bin *sagen,*
programmieren Sie mit dem, was Sie
danach sagen,
Ihr Unterbewußtsein auf ein ganz
bestimmtes Image.

Achten Sie deshalb darauf,
wie Sie nach den Worten ich bin
über sich sprechen,
und setzen Sie die Ich-bin-Kraft
für Ihre neue Imagefixierung ein.

Es gibt eine Zauberformel
für Ihren Erfolg.
Sie lautet:
Ich mag mich.

Übung 7

Stellen Sie sich eine Arbeitssituation vor, bei der Sie in der nächsten Zeit Schwierigkeiten erwarten (Sitzung, Gespräch mit einem Mitarbeiter). Stellen Sie sich vor, wie Sie diese Situation zu aller Zufriedenheit (vor allem natürlich zu Ihrer Zufriedenheit) meistern.

Schreiben Sie hier eine kurze Filmszene auf, in der der positive Ablauf dieser Situation deutlich wird, um sie dann nach der Entspannungsphase zu imaginieren.

Szene: Ich meistere die Schwierigkeit souverän

Übung 8

Hier nun eine letzte Imaginationsübung, die Ihr ausgewähltes Ziel betrifft:

Denken Sie sich eine kurze Filmszene aus, die Ihren gewünschten Endzustand in typischer Weise beschreibt. Lassen Sie diese Szene mit allen ihren Einzelheiten und positiven Gefühlen – in entspanntem Zustand – vor Ihrem geistigen Auge vorüberziehen.

»Meine« Filmszene:

Entspannung – ein wesentlicher Bestandteil des Mentaltrainings

Um unser Unterbewußtsein wirkungsvoll zu beeinflussen, gilt es eine Klippe zu überwinden: den eigenen kritischen Verstand. Unser Bewußtsein wehrt sich häufig mit Widersprüchen und Zweifeln gegen das Annehmen neuer positiver Vorstellungen und Ideen. Der Verstand hält sich an die Realität, an die Erfahrungen, die er täglich macht, und daher blockt er häufig Vorstellungsbilder und Suggestionen ab, die er als nicht zutreffend betrachtet. Indem er *Zweifel* anmeldet, kann er verhindern, daß diese Bilder wirklich vom Unterbewußtsein aufgenommen werden.

Ein Beispiel: Will ein Stotterer sich suggerieren »Ich spreche immer frei und fließend«, so schwächt der Verstand diese Vorstellung ab. Seine Erfahrungen lauten anders. Vielleicht erinnert »er« sich auch noch deutlich daran, daß andere Methoden nicht gegen das Stottern geholfen haben, und so *mißtraut* er auch diesem Vorgehen.

Zum Glück haben wir mit der *Tiefenentspannung* eine Methode, die den Verstand sozusagen »herunterschalten« kann. Durch sie sind wir in der Lage, das Tor zu unserem Unterbewußtsein zu öffnen. Im mentalen Training arbeiten wir mit dem sogenannten *Alpha-Rhythmus* der Hirntätigkeit. Dieser Rhythmus zeigt sich (mit dem EEG meßbar) direkt vor dem Einschlafen und unmittelbar nach dem Aufwachen. Er wird auch als *passiver Wachzustand* bezeichnet.

Die Skala der Hirnstromfrequenzen reicht von Beta (höchste Aktivität) bis Delta (Tiefschlaf). Das Zentrum des Alpha-Rhythmus entspricht dem Zentrum aller Hirnaktivität.

»Er (der Alpha-Rhythmus) zeigt die Ausgewogenheit unserer Hirntätigkeit an. Die rechte Hälfte des menschlichen Gehirns verfügt über die besonderen Fähigkeiten der *Intuition, Schöpferkraft* und *Phantasie,* die sie mit der subjektiven Dimension verbindet. Die linke Hirnhälfte dagegen steuert die *logischen* und *intellektuellen Fähigkeiten* unseres geistigen Tuns ... Wirken beide harmonisch zusammen, wird unser Denken kreativ und erfolgreich sein.« (J. Silva: *Die Silva-Mind-Control-Methode für Führungskräfte*)

Die Erforschung des Lernens im Schlaf hat gezeigt, daß das Gehirn bei niedrigen Frequenzen mehr Informationen empfangen und speichern kann. Ein nicht zu unterschätzender Vorteil der Tiefenentspannung liegt auch darin, daß hier die häufig auftretenden Lern- und Denkblockaden des gestreßten oder erregten Menschen aufgehoben sind. Alle diese Vorteile nutzen wir im Mentaltraining, indem wir uns in einen Zustand tiefer Entspannung versetzen und uns mit Vorstellungsbildern identifizieren, die einen direkten Zugang zum Unterbewußtsein finden.

Entspannung im Alltag

Bevor wir nun zu Entspannungstechniken und -übungen übergehen, noch einige Gedanken zur ungeheuren Bedeutung von

Entspannungspausen im täglichen (Berufs-)Leben. Die Fähigkeit, sich zu entspannen, sich richtig erholen zu können, ist eine Voraussetzung für kreatives, schöpferisches Arbeiten.

Ruhen ist Instandstellen, Bereitstellen.
Körper und Seele können ausgleichen,
neue Kraft schöpfen.
Ruhe wirkt auf Körper, Geist und Seele.
Emil Oesch

Es mag zwar selbstverständlich klingen, daß ein ermüdeter Mensch schlechtere Arbeit leistet, aber wie viele Menschen schaffen es trotzdem nicht, die Konsequenz aus dieser Binsenwahrheit zu ziehen. Wie viele erschöpfte Leute sieht man vor ihren Schreibtischen sitzen und sich mit Arbeiten herumquälen, die sie in ausgeruhtem Zustand in der Hälfte der Zeit bewältigen könnten.

Man kann nicht oft genug betonen: Wir müssen Entspannungspausen einlegen, *bevor* wir uns völlig erschöpft haben. Wenn wir erst einmal ausgebrannt sind, brauchen wir viel länger, um uns zu regenerieren, als wenn wir uns regelmäßig zwischendurch erholen. Überbelastung akkumuliert sich.

Machen wir uns frei von der (unbewußt) häufig propagierten Gleichsetzung: Aktivität = Produktivität; Passivität = Faulheit, Unproduktivität. Jemand, der in eine Entspannungsübung versunken dasitzt, kann unendlich viel produktiver sein als derjenige, der gerade zu einem neuen Termin hetzt. Sehr oft sind es nicht die äußeren Umstände, die uns stressen, sondern unser falsches Umgehen mit dem Druck von außen. Dabei könnte es so einfach sein ...

Auf den folgenden Seiten finden Sie Übungen, die Sie sowohl für Ihre Trainingssitzungen als auch für tägliche kurze Erholungspausen einsetzen können. Suchen Sie sich die Techniken aus, die Ihnen angenehm sind, erweitern und variieren Sie sie je nach Bedürfnis.

Entspannungsübungen

Betrachten Sie diese Methoden bitte nicht als Pflichtübungen, die Sie so schnell wie möglich hinter sich bringen wollen. Genießen Sie sie – freuen Sie sich auf diese Zeit, in der Sie sich von der Alltagswelt zurückziehen können.

Bei einigen Übungen empfiehlt sich die Arbeit mit einem Kassettenrecorder. Sie können die bei diesen Übungen vorkommenden »inneren Texte« (Suggestionen) auf eine Kassette aufnehmen und während des Trainings abspielen. Oder aber Sie prägen sich den Ablauf der Übung gut ein, so daß Sie ihn während des Übens griffbereit haben.

Übung 1 (Grundlage: autogenes Training)

Sie liegen entspannt auf dem Rücken mit leicht geöffneten Beinen, die Arme neben dem Körper. Sie schließen die Augen und spüren, wie Ihr Atem leicht und frei durch Sie hindurchströmt.

Innerer Text:

Ich bin angenehm müde und ruhig. Alles um mich herum wird unwichtig. Alle meine Gedanken sind völlig gleichgültig.

Ich bin ganz ruhig (3 ×).

Ich bin eingehüllt in Ruhe und Frieden wie in eine Wolke. Ich bin vollkommen ruhig.

Mein rechter Arm wird nun angenehm warm und schwer, immer schwerer und schwerer. Ich fühle, wie er ganz schwer auf dem Boden liegt. Genauso warm und schwer wird nun auch mein linker Arm. Beide Arme sind ganz schwer und müde.

Ich spüre mein rechtes Bein, die Wärme und Schwere erfaßt nun auch mein rechtes Bein. Es liegt schwer und müde auf dem Boden. Und auch mein linkes Bein wird nun ganz schwer und müde. Beide Beine sind warm und liegen müde und schwer auf dem Boden. Die Schwere ist angenehm – sie tut mir gut – sie verbreitet sich auf meinen ganzen Körper.

Ich liege schwer und völlig entspannt auf dem Boden.

Ich fühle, wie mein Atem mich wohlig durchströmt. Es atmet mich.

Mein Herz schlägt ruhig und kräftig (3 ×).

Mein Sonnengeflecht (Bauch) wird angenehm warm durchströmt (3 ×).

Mein Kopf ist angenehm kühl (3 ×).

Rücknahme der Entspannung:

- Ballen Sie die Hände zu Fäusten und öffnen Sie sie wieder.
- Beugen und strecken Sie die Arme.
- Sagen Sie sich: Ich bin frisch und erholt und bin wieder ganz im Hier und Jetzt.
- Öffnen Sie die Augen und stehen Sie langsam auf.

Übung 2 (Grundlage: progressive Muskelentspannung)

Durch gezielte Anspannung einzelner Muskelgruppen soll bei dieser Übung deren nachfolgende verstärkte Entspannung ausgenutzt werden. Die Anspannung sollte immer nur wenige Sekunden dauern und dann *spontan* gelöst werden.

Legen Sie sich entspannt auf den Rücken, und beginnen Sie mit der rechten Hand. Ballen Sie sie ganz fest zur Faust – so fest Sie können – und lösen. Dann die linke Hand – und lösen – und beide Hände – lösen. Spannen Sie nun den rechten Arm an – noch fester – und lösen. Fahren Sie fort mit dem linken Arm, dem rechten Fuß, rechten Bein, linken Fuß, linken Bein, Gesäß, Bauch, Rücken, Schultern, Hals und Gesicht.

Genießen Sie das angenehme Gefühl der Entspannung, der Schwere und Müdigkeit wie nach schwerer körperlicher Arbeit. Liegen Sie eine Zeitlang passiv da, und genießen Sie einfach. Stehen Sie dann auf, und schütteln Sie den ganzen Körper gut durch.

Übung 3

Setzen Sie sich ganz bequem hin, lockern Sie die Muskeln. Beobachten Sie, wie Ihr Atem ein- und ausströmt. Einfach nur beobachten. Verfolgen Sie den Weg des Atems durch Ihren Körper.

Atmen Sie nun einige Male bewußt kräftig ein und aus, und werden Sie dann wieder passiv – lassen Sie den Atem strömen.

Und nun versuchen Sie, an nichts zu denken. Nur ein paar Minuten lang. Höchstwahrscheinlich wird es nicht auf Anhieb gelingen, aber das macht gar nichts. Bleiben Sie passiv: Wenn ein Gedanke kommt, nehmen Sie ihn wertfrei zur Kenntnis und lassen ihn dann vorbeiziehen. Versuchen Sie, ihn nicht zu verfolgen. Lassen Sie ihn einfach vorüberschweben.

Nach einiger Trainingszeit werden Sie es gewiß erreichen, für einige Minuten an nichts denken zu müssen. In diesen (sehr wertvollen) Minuten befinden sich *Körper, Geist und Seele in Harmonie.*

Übung 4

Sie setzen oder legen sich bequem hin, machen einige einführende Entspannungsübungen (z. B. autogenes Training oder Muskelentspannung) und stellen sich dann eine Rolltreppe vor, auf der Sie immer tiefer fahren.

Die Alltagswelt, alle Sorgen und Probleme bleiben oben zurück. Sie befinden sich auf der Rolltreppe und fahren immer tiefer und tiefer in die Entspannung.

Wenn Sie eine Rolltreppe verlassen, besteigen Sie sofort die nächste, die noch tiefer hinunterführt. Je tiefer Sie kommen, desto ruhiger und entspannter werden Sie.

Stellen Sie sich vor, daß Sie ganz, ganz unten von unendlicher Ruhe und tiefstem Frieden empfangen werden.

Übung 5

Verbindung der Entspannung mit dem Bild ihres gewünschten Endzustandes)

Mit dieser Übung sind wir schon mitten im *mentalen Training.* Wenn Sie sie regelmäßig durchführen, werden Sie sich den Erfolg zur Gewohnheit machen.

Innerer Text:

Ich mache es mir nun einmal ganz bequem.
Ich schließe meine Augen und lasse einfach los.
Ich fühle mich wohl und ganz gelöst.

Ich mache mir bewußt, wer ich wirklich bin.
Ich bin nicht nur Körper,
ich bin vollkommenes, unsterbliches Bewußtsein,
ich war immer und werde immer sein, denn *ich bin*.

Der Körper aber ist mein Werkzeug, das mir dient und gehorcht.
So erfülle ich meinen Körper ganz mit Bewußtsein,
ich erfülle jede Zelle meines Körpers mit Bewußtsein.
Ich gestatte meinem Körper jetzt, vollkommen bewegungslos zu sein.
Ich beherrsche meinen Körper.

Ich beherrsche nicht nur meinen Körper,
ich beherrsche auch meine Gedanken, und so konzentriere ich
die Vielfalt meiner Gedanken jetzt auf einen Punkt.
Ich beobachte meinen Atem.
Ich verändere nichts, ich beobachte nur.
Und während ich meinen Atem beobachte,
lasse ich ihn behutsam tiefer werden.
Ich atme ganz ruhig und tief – ruhig und tief.

Ich erlebe ganz bewußt: *es* atmet mich,
es ist das Leben selbst, das mich atmen läßt,
und ich fühle mich ganz geborgen durch das Leben in mir,
das mich atmet.

Ich spüre, wie der Atem meinen ganzen Körper
durchdringt und erfüllt.
Ich bin eins mit dem Atem und fühle mich ganz wohl.
Ich bin ruhig und gelöst und dankbar, daß ich lebe.

Ich bin ganz erfüllt von Frieden und Harmonie.
Ich ruhe in der Einheit der Schöpfung.
Ich bin eins mit der allumfassenden Ordnung.

Eine wunderbare Stille durchdringt mein ganzes Wesen.
Ich ruhe geborgen in mir und fühle mich ganz wohl.

Mit jedem Atemzug sinke ich tiefer und tiefer in mich hinein –
ich sinke immer tiefer in mich hinein –
wie eine Feder sinke ich immer tiefer in mich hinein.

Ich sinke in die Mitte meines wahren Wesens.
Ich ruhe in mir,
ich bin eins mit mir und der Welt
und ruhe in der Mitte meines wahren Wesens.

In meiner Mitte erkenne ich ein Licht,
und ich gehe jetzt in dieses Licht hinein,
ich gehe hinein in die lichte Welt in mir.

In meiner lichten Innenwelt erkenne ich jetzt vor mir
einen wunderschönen Regenbogen.
Immer klarer und deutlicher sehe ich den Regenbogen vor mir.

Die Farben des Regenbogens werden immer klarer
und leuchtender.

Ich richte mein Bewußtsein jetzt ganz auf die Farbe *Rot*.
Ich gehe ganz hinein in dieses Rot.
Alles ist rot – ich bin ganz erfüllt von der Farbe Rot.

Jetzt sinke ich tiefer –
und sinke in die Farbe Orange.
Alles ist orange –
ich bin ganz erfüllt von der Farbe Orange.

Ich sinke jetzt tiefer –
und sinke in die Farbe *Gelb.*
Alles ist gelb –
ich bin ganz erfüllt von der Farbe Gelb.

Ich sinke jetzt noch tiefer –
und sinke in die Farbe *Grün.*
Alles ist grün –ich bin jetzt ganz erfüllt von der Farbe Grün.

Jetzt sinke ich noch tiefer –
und sinke in die Farbe *Blau.*
Alles ist blau –
ich bin ganz erfüllt von der Farbe Blau.

Ich sinke noch tiefer –
und sinke in die Farbe *Lila.*
Alles ist lila –
ich bin ganz erfüllt von der Farbe Lila.

Und nun sinke ich noch tiefer –
ich sinke in die Farbe *Violett.*
Alles ist violett –
ich bin ganz erfüllt von der Farbe Violett.

Alles ist ruhig – ganz ruhig und still,
ein wunderbares Wohlgefühl durchströmt meinen Körper.
Ganz bewußt spüre ich diese wunderbare Ruhe
und den Frieden in mir.

Vor mir sehe ich ein strahlendes Licht,
und ich erkenne das Licht meines *wahren Selbst.*
Voller Freude gehe ich hinein in das Licht
meines wahren Selbst – werde eins mit mir selbst.
Ich bin eins mit mir selbst.
Ich bin wieder der/die, der/die ich wirklich bin.

In dieser Einheit mit mir selbst erkenne ich vor mir
in meiner lichten Innenwelt eine Wiese.
Ich gehe auf diese Wiese –
und nehme die Wiese mit allen Sinnen wahr.
Ich spüre ganz deutlich das Gras unter meinen Füßen
und rieche den Duft der Blumen.
Ich höre die Vögel zwitschern
und das Rauschen des Windes in den Bäumen.
Ich nehme alles ganz bewußt wahr.
Ich spüre die warme Sonne auf meiner Haut
und den sanften Wind in meinen Haaren.
Ich höre das Summen der Bienen
und atme die reine Luft.

Ich fühle mich ganz wohl.

Ganz in der Nähe sehe ich ein Wasser –
und ich gehe jetzt hin zu diesem Wasser.
Das Wasser ist ganz klar und rein.
Ich knie mich hin und trinke aus meiner Hand
von dem reinen, erfrischenden Wasser.
Ich spüre, wie das Wasser mich reinigt und klärt.

Ich fühle mich frei und wohl.
Ich ziehe mich aus und gehe ganz hinein in dieses Wasser.
Bewußt genieße ich das wohltuende Bad.

Ich tauche ganz ein und fühle,
wie ich gesund und rein werde.

Das Wasser verjüngt und klärt mein ganzes Sein.
Ich bin eins mit dem Wasser
und fühle mich frei und geborgen.
Bewußt spüre ich noch einmal die wohltuende Wirkung
dieses Bades und gehe dann –
erfrischt und gereinigt – aus dem Wasser.

Ich trockne mich ab und kleide mich in ein neues Gewand innerer Ruhe und Harmonie.
Ich spüre, wie dieses wunderbare Gefühl der Ruhe
und Harmonie mein ganzes Sein erfüllt.

Mit geklärtem Bewußtsein schaue ich mich um
und sehe ganz in der Nähe einen Berg.

Ich gehe hin zu diesem Berg.
Am Fuß des Berges erkenne ich einen Weg.
Ganz ruhig und gelassen gehe ich jetzt
auf diesem Weg hinauf auf den Berg.
Immer weiter und höher führt mich der Weg hinauf,
und mit jedem Schritt erhebt sich mein Bewußtsein.

Endlich bin ich auf dem Gipfel des Berges –
im Licht – angekommen.
Ich breite die Arme aus
und öffne mich ganz diesem strahlenden Licht.
Ich spüre, wie das strahlende Licht
mein ganzes Sein durchdringt und erfüllt.

In diesem Licht leuchtet auch das Licht in mir hell auf –
das Licht meines wahren Selbst.

Das Licht meines wahren Selbst leuchtet auf
und wird eins mit dem kosmischen Licht.
Beide Lichter verschmelzen zu einem Licht.
Ich bin ganz bewußt eins mit dem Licht.
In dieser Einheit mit dem Licht
öffnet sich mein Bewußtsein ganz weit.
Mein Bewußtsein öffnet sich ganz weit,
und ich spüre, wie höchstes Bewußtsein
mein ganzes Selbst durchdringt.
Höchstes Bewußtsein durchdringt und erfüllt mein ganzes Sein.
Ich bin eins mit dem höchsten Bewußtsein.

In dieser Einheit mit dem Licht,
eins mit dem höchsten Bewußtsein,
erinnere ich mich an meinen Wunsch und mein Ziel.
Ich sehe das Bild des erwünschten Endzustandes
ganz deutlich vor mir und wiederhole die vorbereiteten Worte.
Dabei spüre ich ein starkes Gefühl
der Freude und Dankbarkeit in mir.

Ich setze so ganz bewußt eine Ursache in mein Leben
und weiß, daß die entsprechende Wirkung
in meinem Leben bald in Erscheinung treten muß,
und dafür bin ich dankbar.

Immer wieder wiederhole ich die vorbereiteten Worte,
sehe das Bild des erwünschten Endzustandes
ganz deutlich vor mir – und spüre in mir
ein starkes Gefühl der Freude und Dankbarkeit.

Ich setze damit im schöpferischen Bewußtsein
eine Ursache in mein Leben,
und ich fühle mich wert, die Erfüllung *jetzt* zu empfangen.

Von nun an liegt es in meiner Hand,
mein Schicksal selbst zu gestalten.
Ganz bewußt trete ich mein geistiges Erbe an
und setze meine Fähigkeiten und Kräfte
bewußt und gezielt ein,
um mein Leben zu gestalten.

Noch einmal sehe ich den erwünschten Endzustand
ganz deutlich vor mir,
wiederhole die vorbereiteten Worte und spüre in mir
ein starkes Gefühl der Freude und Dankbarkeit;
denn ich weiß, daß mein Wunsch
jetzt schon erfüllt ist
und bald in meinem Leben in Erscheinung tritt,
und dafür bin ich dankbar.

Dann löse ich mich aus dem Erlebnis
und kehre wieder zurück an die Oberfläche des Seins,
zurück ins *Hier und Jetzt.*

Wann immer ich bereit bin,
öffne ich meine Augen
und bin wieder ganz bewußt im Hier und Jetzt.
Ich bin wieder ganz bewußt im Hier und Jetzt.

Aber ich weiß, daß mein Wunsch
bereits erfüllt ist.
Und dafür bin ich dankbar.

Ich bin aus tiefstem Herzen
froh und dankbar.

Ihre eigene Entspannungsübung

Die Bedeutung der Farben im Mentaltraining

Farben beeinflussen sowohl körperliche Vorgänge als auch unser geistig-seelisches Befinden. So kann z. B. die Farbe Rot den Blutzuckerspiegel zum Steigen bringen und auf der psychischen Seite Gefühle von Bedrohung und Gefahr auslösen.

Die Macht, die Farben auf den Menschen ausüben, wird in der Werbung weidlich ausgenutzt; schon seit Jahrtausenden weiß man von dieser Macht, und die Symboldeutungen der einzelnen Farben sind im großen und ganzen seit alters unverändert.

Bei der Farbentspannung kommen uns die physiologischen und die psychischen Auswirkungen der einzelnen Farbvorstellungen zugute. Wir schreiten von der aktivsten Farbe, von Rot, zu der entspannendsten, zu Violett. Die Vorstellung *Rot* beschleunigt körperliche Vorgänge, aktiviert das Nervensystem und erhöht die Reaktionsfähigkeit. Auf der geistig-seelischen Ebene ist eine Steigerung des Durchsetzungsvermögens, des Erfolgsstrebens, der Vitalität usw. festzustellen.

Die Vorstellung *Violett* hingegen führt zu Stille und Ruhe und bewirkt eine Entspannung und Verlangsamung körperlicher Vorgänge. Violett ist die geeignetste Farbe, um einen Kontakt zum Unterbewußten herzustellen; es ist die Farbe der Versenkung und der Meditation.

Zusammenfassende Deutung der einzelnen Farben

Rot

ist die Farbe der vitalen Kraft, der Emotionalität, des Durchsetzungsvermögens, der Erregung, der Leidenschaft und der Liebe.

Orange

ist die Farbe des Selbstbewußtseins und der kreativen Ausdruckskraft, der Wärme und der Strebsamkeit, der Kraft und des Tatendrangs.

Gelb

ist die Farbe des Denkens und der Empfindsamkeit, des Verstandes und Ideenreichtums, der Ideale, der Veränderung, des Wunsches nach Befreiung und der Glückserwartung.

Grün

ist die Farbe der Innerlichkeit, der Friedlichkeit, der Anpassungsfähigkeit und inneren Ausgewogenheit, der Beschaulichkeit, der Aufgeschlossenheit und heiteren Gelöstheit.

Blau

ist die Farbe der Ruhe und Erholung, der Stille und Treue, der Tiefe und Schwere, der Selbstlosigkeit, der Hingabe und der Geistigkeit.

Lila

ist die Farbe des Glaubens und der Versenkung, der Geborgenheit und der stillen Daseinsfreude, des sozialen Denkens und Handelns, der Humanität und Nächstenliebe, der Ehrlichkeit, Aufrichtigkeit und Gerechtigkeit.

Violett

ist die Farbe des Dienens und der Selbstaufopferung, der Entsagung und tiefen Religiosität, der Mystik, der Ideale, der Erkenntnis und Vollkommenheit, der Geistigkeit und der Erlösung.

Durch die bildhafte Vorstellung der Farben in dieser Reihenfolge ändert sich die Gehirnstrom-Frequenz vom normalen Beta-Zustand in den Alpha-Zustand, der – wie schon erläutert – einer tiefen Entspannung entspricht.

Gefühl und Glaube

Das Gefühl ist die »Lautstärke« der Sprache des Unterbewußtseins und gibt Wort und Bild erst die Kraft zur Verwirklichung. Wort und Vorstellungsbild werden erst durch die begleitende Emotion zur Gedankenform. Es kann ein Gefühl der Zustimmung, der Bejahung, der Dankbarkeit, der Freude, des Glücks oder der absoluten Gewißheit sein. Wichtig ist, daß ich von diesem Gefühl erfüllt bin.

Damit aktiviert dieses Gefühl die Kraft des Glaubens, der ja nicht nur ein Gefühl der Gewißheit ist, sondern ein inneres Erkennen der Wirklichkeit.

Dieses Gefühl entsteht durch Identifikation mit dem erwünschten Endzustand. Ich führe mir lebendig vor Augen, wie ich mich dann fühle, wie ich dann denke und wie ich mich im Zustand der Erfüllung verhalte. So hole ich dic Erfüllung in meine Gegenwart.

Entspricht mein Gefühl nicht diesem Ideal, muß ich es korrigieren. Dies ist ein aktiver Prozeß des Hineinfühlens, besser des korrigierenden Hineinfühlens, bis die Vorstellung des erwünschten Endzustandes mit meinem Gefühl absolut übereinstimmt und ich von der absoluten inneren Gewißheit erfüllt bin, daß die Erfüllung jetzt verursacht und damit geistig geschehen ist.

Durch wiederholte Vorstellung lade ich Wort und Bild immer mehr mit der Kraft des Gefühls auf und nehme die Erfüllung innerlich jetzt in Besitz. Ich verinnerliche die Erfüllung und nehme sie damit in meine Gegenwart.

Wie stark der Glaube an eine Sache auch unseren Körper beeinflussen kann, sehen wir z. B. am sogenannten Placebo-Effekt. Solange ein Patient davon überzeugt ist, ein wirksames Medikament einzunehmen, wirken in unglaublich vielen Fällen auch Pillen aus gewöhnlichem Zucker ohne jegliche Wirkstoffe.

Wir müssen an eine Sache glauben, d. h. *wissen*, daß sie Wirklichkeit sein wird, um wirklich alle unsere inneren Kräfte und Fähigkeiten zu mobilisieren.

»Wünsche haben zu all dem geführt, was der Mensch auf unserem Planeten geschaffen hat. Erwartung und Glaube haben der Verwirklichung der Wünsche ihre positive Energie verliehen. Es scheint, als wäre hier *echte Energie* am Werk. Auch zahlreiche Wissenschaftler glauben an die Existenz dieser Kraft des Wünschens, Erwartens und Glaubens als einer meßbaren Größe. Man hat dieser Energie die unterschiedlichsten Namen gegeben. Es spielt keine Rolle, für welchen man sich entscheidet oder ob man sie überhaupt benennt. Doch sie ist wirklich, sie konzentriert sich im menschlichen Bewußtsein, und sie ist *schöpferisch*.«

(José Silva)

Nutzen wir diese Kraft des Glaubens für unsere Entwicklung. Es ist nämlich nicht unsere fehlende Kraft, die uns davon abhält, alle unsere Talente zu nutzen, sondern nur unser fehlender Glaube an die Kraft.

Ich kann nicht!
Wer das sagt, setzt sich selbst Grenzen.

Denken Sie an die Hummel.

Die Hummel

Die Hummel hat 0,7 qcm Flügelfläche bei 1,2 g Gewicht.
Nach den bekannten Gesetzen der Aerodynamik ist es unmöglich,
bei diesem Verhältnis zu fliegen.

Die Hummel weiß das aber nicht
und fliegt einfach!

Konzentration

Sich auf etwas konzentrieren heißt, alle Kräfte zu bündeln und auf einen Punkt zu richten. Sicherlich haben Sie auch schon einmal die Erfahrung gemacht, wie leicht und schnell eine sehr schwierige Arbeit von der Hand gehen kann, wenn es Ihnen gelingt, alle Ihre Gedanken auf diese Arbeit hin zu sammeln und zu lenken. *In sehr vielen Fällen ist Erfolg das Ergebnis einer hohen Konzentrationsfähigkeit.*

Daß Konzentration eine wichtige Komponente im mentalen Training ist, liegt auf der Hand. Je länger wir uns von einem Gedanken ganz ausfüllen lassen können ohne abzuschweifen, um so größer wird seine Intensität und um so stärker die Kraft, die zu seiner Verwirklichung drängt.

Auch die Konzentrationsfähigkeit ist abhängig von unserer inneren Einstellung einer Sache gegenüber. Gefühle der Abneigung oder Angst erzeugen mentale Blockaden und führen zu Konzentrationsschwäche. Die meisten Kinder, deren »Konzentrationsschwäche« mit Medikamenten behandelt wird, leiden eben nicht an allgemein geringer Konzentrationsfähigkeit, sondern sind blockiert von äußerem Druck, von Interessenlosigkeit oder von Ängsten. Wenn man solche Kinder nämlich einmal bei einer Tätigkeit beobachtet, von der sie wirklich fasziniert sind, zeigen sie fast in allen Fällen eine erstaunliche Versunkenheit, eine Konzentrationsfähigkeit, um die man sie beneiden könnte.

Die positive Haltung einer Sache gegenüber wird die Konzentrationsfähigkeit immer erheblich steigern. Das heißt, wenn wir unsere Pflichten mit Freude erfüllen, wenn wir uns von unserer Arbeit faszinieren lassen, werden wir keine Mühe haben, uns ausreichend zu konzentrieren.

Übungen zur Steigerung der Konzentrationsfähigkeit

Übung 1

Zeichnen Sie einen Punkt auf ein Blatt Papier, und befestigen Sie dieses Blatt an einer Wand in Augenhöhe (ca. 2–3 m Abstand von Ihrem Sitzplatz).

Setzen Sie sich bequem hin, entspannen Sie sich, und richten Sie alle Aufmerksamkeit auf diesen Punkt. Versuchen Sie, alle ablenkenden Gedanken auszuschalten. Wenn solch ein Gedanke auftaucht, richten Sie Ihre Aufmerksamkeit bewußt wieder auf den Punkt.

Wichtig bei dieser Übung ist es, sich nicht zu verkrampfen. Wenn Sie merken, daß Sie Ihre Konzentration nur noch mit Gewalt aufrechterhalten können, schieben Sie eine Entspannungsübung ein, oder brechen Sie die Übung ab, um sie dann später noch einmal entspannter anzugehen.

Nach einigem Trainieren gelingt diese Übung sicherlich über einen Zeitraum von ca. 10 Minuten. Sie fördert nicht nur die Konzentrationsfähigkeit; Sie werden spüren, wie beruhigend sie sich auch auf seelische Spannungen auswirkt.

Variation

Sie führen diese Übung aus mit der reinen Vorstellung einer geometrischen Figur. Schließen Sie (nach einer einführenden Entspannung) die Augen, und malen Sie in Gedanken eine geometrische Figur (z. B. einen Kreis mit einem Kreuz in der Mitte). Versuchen Sie, die Vorstellung dieser Figur solange wie möglich aufrechtzuerhalten.

Übung 2

Führen Sie eine alltägliche Tätigkeit in Zeitlupe aus (z. B. ein Glas hochheben und einen Schluck Wasser trinken). Konzentrieren Sie sich völlig auf jede Einzelheit, während Sie dies tun. Nehmen Sie genau wahr, wie Ihre Hand sich öffnet und das Glas umfaßt. Spüren Sie deutlich das Material des Glases – wie fühlt es sich an? Konzentrieren Sie sich auf das Gewicht, das es zu heben gilt, auf den Geschmack des Wassers in Ihrem Mund, auf die Tätigkeit des Schluckens, das Geräusch beim Abstellen des Glases etc.

Übung 3

Verfahren Sie ähnlich beim Lesen eines Textes. Lesen Sie in Zeitlupe, so daß Ihnen jeder Buchstabe, jede Silbe, jeder Wortlaut bewußt wird. Wenn Ihr Blick oder Ihre Gedanken vorauseilen wollen, halten Sie sie fest auf dem Wort, das Sie gerade fixieren.

Übung 4

Führen Sie diese Übung mit Zahlen aus. Zählen Sie ganz langsam von eins an aufwärts – Ihre Gedanken sollen ausschließlich auf die gerade erreichte Zahl konzentriert sein.

Diese Übung eignet sich gut als Test Ihrer schon erreichten Konzentrationsfähigkeit. Während Sie zu Anfang wahrscheinlich nur bis ca. 5 kommen, ohne daß ein ablenkender Gedanke Sie stört, werden Sie im Laufe der Zeit immer weiter kommen, und es wird Ihnen immer leichter fallen.

Übung 5

Konzentrieren Sie sich auf einem Weg, der Ihnen vertraut ist (z. B. der tägliche Arbeitsweg) stark auf die Geräusche, die Sie auf diesem Weg begleiten.

Versuchen Sie dann, sich an alle Geräusche zu erinnern und den Weg so noch einmal nachzuvollziehen.

Übung 6

Suchen Sie sich ein bestimmtes Geräusch in Ihrer Umwelt aus, und konzentrieren Sie sich ausschließlich auf dieses Geräusch – nehmen Sie keine anderen Geräusche mehr wahr.

Übung 7

Stellen Sie sich ein Zimmer Ihrer Wohnung in allen Einzelheiten vor. Kein anderer Gedanke, keine andere Vorstellung hat in Ihrem Bewußtsein Platz als dieses eine Zimmer.

Versuchen Sie bei allen Übungen nichts zu erzwingen. *Geduld und Ausdauer* sind auf die Dauer wichtiger als alles unbedingte Wollen und alle Anstrengung.

Ihre eigene Konzentrationsübung

Richtiges Atmen

Der Mensch kann einige Wochen ohne Nahrung auskommen, einige Tage ohne Wasser, aber nur wenige Minuten ohne Luft. Das Atmen scheint uns ein so selbstverständlicher Vorgang zu sein, daß wir davon ausgehen, es sicherlich instinktiv richtig zu machen. Das ist aber nicht so. Unsere Atmung hängt von unserer inneren und äußeren Haltung ab, und sie kann unsere Haltung auch ihrerseits beeinflussen.

Wenn wir innerlich im Gleichgewicht sind, so ist es auch unsere Atmung. Dann fließt sie ruhig, ist tief und füllt Brust- und Bauchraum. Wenn wir aber psychische Probleme haben, wenn unser seelisches Gleichgewicht gestört ist, atmen wir zu flach; wir können den *Strom des Lebens* nicht fließen lassen. Zum Beispiel halten wir unwillkürlich die Luft an, wenn wir mit einer unangenehmen Nachricht konfrontiert werden, wenn wir uns erschrekken. Wir werden kurzatmig, sobald wir gestreßt sind oder Angst haben. Etwas kann uns den Atem verschlagen. Durch tiefes Luftholen können wir uns auf der Stelle beruhigen oder sammeln.

Bringen wir unsere Atmung in Ordnung, z. B. durch bewußtes Training, so bringen wir auch unser Innenleben ins Gleichgewicht. Erlernen Sie einige Atemübungen, und machen Sie von Zeit zu Zeit bewußt einige ruhige, tiefe Atemzüge. Ruhiges Fließenlassen der Tiefenatmung klärt und erfrischt Körper und Geist und wirkt positiv auf alle mentalen Fähigkeiten.

Wir atmen etwa 15 000mal am Tag. Wenn wir falsch atmen, und diesen Fehler also 15 000mal pro Tag wiederholen, dann bleibt das nicht ohne Folgen. Denn wir atmen nicht nur Luft, sondern auch *Prana* – Lebenskraft für unseren feinstofflichen Körper, die unsere feinstofflichen Organe, die Chakren, belebt.

Atemübungen

Übung 1

Wer im Leben den »längeren Atem« haben will, sollte die folgende Übung täglich 3mal – ein Leben lang – durchführen:

Atmen Sie 4 Sekunden ein und dann ohne Pause 11 Sekunden lang aus (zählen). Machen Sie so 10 Atemzüge, und lassen Sie dann Ihren Atem wieder los. Steigern Sie die Anzahl täglich um einen Atemzug, bis Sie auf 20 sind, und bleiben Sie dabei. Lassen Sie Ihren Atem ruhig und gleichmäßig fließen.

Übung 2: Yogi-Atmung

Setzen Sie sich (am besten im Schneidersitz) auf den Boden. Atmen Sie 3mal tief in den Bauchraum hinein. Spüren Sie, wie der Atem den Raum füllt, wie die Bauchdecke vor- und zurückgeht. Nun atmen Sie 3mal in den Raum der Rippen. Legen Sie die Hände an die Rippenbögen, spüren Sie, wie sich diese seitlich nach außen erweitern. Dann atmen Sie 3mal in den oberen Brustbereich hinein. Wenn Sie die Hände auf das Schlüsselbein legen, sollten Sie spüren, wie es sich hebt und senkt.

Und zum Schluß 7mal die vollständige Yogi-Atmung: Sie lassen den Atem in alle drei Räume einströmen und nehmen das Erfülltsein und auch das Leerwerden der Räume bewußt wahr.

Übung 3: Innerer Text

Ich beobachte meinen Atem – ich greife nicht ein, ich beobachte ihn nur passiv. Ich spüre, wie mein Atem ruhig und gleichmäßig fließt. Ich nehme den gleichmäßigen Fluß meines Atems ganz bewußt wahr.

Nun lasse ich meinen Atem ganz behutsam tiefer werden. Ganz behutsam atme ich tiefer und tiefer. Während ich mit jedem Atemzug immer tiefer atme, bestimme ich die Qualität meines Atems. Ich atme ganz bewußt Ruhe, Gelassenheit, Wohlgefühl.

Jede Zelle meines Körpers ist von meinem Atem erfüllt. Jede Zelle meines Körpers ist erfüllt von Ruhe, Gelassenheit und Wohlbefinden. Ich fühle mich wohl, ich fühle mich unsagbar wohl.

Ich lasse mich vertrauensvoll in die allumfassende Ordnung und Harmonie hineinsinken. Ein tiefer Friede erfüllt mich. In mir ist es nun ganz still. Ich ruhe in der Mitte meines Wesens.

Übung 4

Sie liegen in Rückenlage entspannt auf dem Boden. Eine Zeitlang beobachten Sie Ihren Atem und lassen ihn dann behutsam tiefer werden. Sie atmen tief und entspannt in den Bauchraum hinein.

Bei jedem Einatmen sagen Sie sich in Gedanken: »Ich atme

Entspannung ein« – und bei jedem Ausatmen: »Ich atme Spannung aus.«

In der gleichen Weise ist es möglich, andere Qualitäten oder Eigenschaften mit dem Atem aufzunehmen und wegzugeben. So können Sie z. B. die folgenden Formeln benutzen:

»Ich atme Sicherheit ein« –
»Ich atme Unsicherheit aus.«

»Ich atme Gelassenheit ein« –
»Ich atme Aufregung aus.«

»Ich atme Vitalität ein«–
»Ich atme Schwäche aus.«

»Ich atme Gelöstheit ein« –
»Ich atme Hemmungen aus.«

Übung 5: Der gelenkte Atem

Das langfristige Ziel dieser Übung besteht darin, mit dem Atem *Schmerzen lindern* und *Heilungsprozesse beschleunigen* zu können.

Sie stellen sich beim Einatmen vor, daß Sie kosmische Energie in Ihren Körper fließen lassen. Imaginieren Sie diese Energie als Licht, das Ihre Lungen füllt. Lenken Sie dieses Licht beim Ausatmen in den Körperteil, der erkrankt ist, der Schmerzen verursacht. Nach einigem Training werden Sie spüren, wie es dort wohltuend warm wird, oder aber Sie können dort eine erfrischende Kühle bemerken.

Übung 6: Die »Erfolgsaura«

Atmen Sie 4 Sekunden lang ein, und imaginieren Sie eine Sonne oder ein helles Licht unmittelbar über Ihnen. Stellen Sie sich – während Sie 11 Sekunden lang ausatmen – vor, wie dieses Licht herunterkommt, Sie ganz durchdringt und erfüllt, so daß jede einzelne Zelle Ihres Körpers von Licht durchflutet ist, vor allem das Rückgrat. Spüren Sie dann, wie sich das Licht in der Gegend Ihres Herzens mit dem Licht Ihres Bewußtseins verbindet. Eine kleine Übung mit großer Wirkung.

Weiterführung: Nachdem Sie die »Erfolgsaura« hergestellt haben, erleben Sie gedanklich in allen Details, wie Sie eine schwierige Situation optimal meistern.

Übung 7: Sie erheben Ihr Bewußtsein

Atmen Sie 4 Sekunden lang ein, und imaginieren Sie die Sonne oder das helle Licht über sich. Beim Ausatmen während 11 Sekunden lassen Sie nicht das Licht herunterkommen, sondern Sie erheben gedanklich Ihr Bewußtsein auf die Ebene des Lichtes. Werden Sie eins mit dem Licht. In dieser Einheit mit dem Licht machen Sie sich ein Problem bewußt und erkennen die Lösung.

Übung 8: Sie gewinnen die Mitarbeit anderer

Bevor Sie mit demjenigen sprechen, dessen Mitarbeit Sie gewinnen wollen, führen Sie die Atemaufladung mit der Erfolgsaura durch. Imaginieren Sie dann, wie Sie den anderen in den Arm nehmen und ihm freundschaftlich erklären, warum Sie seine

Mitarbeit brauchen, und »sehen« Sie auch, wie er letztlich zustimmt. Nun treten Sie ihm gegenüber und sprechen ganz normal mit ihm. Strecken Sie aber in Gedanken wieder Ihre Arme aus, und umarmen Sie den anderen freundschaftlich, während Sie äußerlich ganz normal weitersprechen. Wenn Ihr Gesprächspartner Ihre positive Überzeugung spürt, werden Sie seine Zustimmung erhalten.

In besonders schwierigen Fällen kann die Wirkung nochmals verstärkt und die Zustimmung beschleunigt werden, indem Sie sich vorher, nachdem Sie die Erfolgsaura hergestellt haben, gedanklich in seinen Körper versetzen. Machen Sie das sehr gründlich, bis Sie das sichere Gefühl haben, eins zu sein mit ihm. Dann denken Sie an seiner Stelle: »Ich will diesem Menschen, der da zu mir gekommen ist, helfen. Er braucht meine Hilfe, und es ist gut, daß ich sie ihm gebe. Ich freue mich, daß ich ihm (also Ihnen) etwas Gutes tun kann.« Dann lassen Sie die Imagination los und sprechen in Wirklichkeit mit ihm.

Wichtig ist nur, daß diese Hilfe dem anderen keinen Nachteil bringt, im Idealfall auch für ihn von Vorteil ist – sonst bekommen Sie zwar die Hilfe, aber Sie zahlen auch den entsprechenden Preis.

Ihre eigene Atemübung

Meditation

Meditationstechniken sind der Menschheit seit je bekannt. Viele unterschiedliche Methoden fallen unter diesen Begriff. Grundsätzlich gilt: Meditation ist das *Loslassen aller Gedanken und Gefühle* in vollkommener Entspannung, um zum eigenen wahren inneren Wesen zurückzukehren.

Wenn es (durch Übung) gelingt, die Außenwelt wirklich für eine Zeitlang abzuschalten, befinden wir uns in dieser Zeit in unserer Mitte, wir sind im wahrsten Sinne des Wortes fähig zur *Selbsterfahrung*. Und in unserer heutigen materiellen Welt mit ihren unendlich vielen äußeren Reizen haben wir alle diese Erfahrung bitter nötig.

Wir setzen hier die Meditation nicht im Sinne einer religiösen Transzendenz ein, sondern mit eher handfesten Zielen – es gibt eine Reihe von sehr guten Gründen, Meditationstechniken zu erlernen, auch wenn man ganz und gar nicht vorhat, sich aus unserer Welt zurückzuziehen.

Auswirkungen der Meditation

Körperliche Auswirkungen:

Nach einem harten Arbeitstag sind wir durch eine ca. 20minütige Meditationsübung in der Lage, alle Spannungen abzubauen, die sich im Körper entwickelt haben. Die Muskelpartien werden gelockert, man fühlt sich erholter und frischer als nach einem stündigen Tiefschlaf. Der Körper kann neue Kraft schöpfen.

Lassen Sie sich nicht verunsichern, wenn Sie nach einigen Übungen das Gefühl haben, es habe sich nichts verändert. Es gibt auch bei ersten Meditationsversuchen meßbare Veränderungen. In der University of California zeigten Tests auch bei absoluten Meditationsanfängern objektiv feststellbare Veränderungen: Atem, Blutdruck und Stoffwechsel wurden eindeutig in vielfältiger Weise harmonischer (siehe José Silva).

Bei zahlreichen Versuchen wurden unter anderem folgende Auswirkungen regelmäßiger Meditation festgestellt:

Senkung des Blutdrucks, Lösung von Verspannungen, allgemeine Muskelentspannung, Zunahme des Erinnerungsvermögens, Besserung von Schlafstörungen, allgemeine psychische Stabilisierung, Steigerung der Vitalität, Regulierung vegetativer Funktionen usw.

Psychische Auswirkungen:

Der Geist löst sich während einer Meditation langsam vom Alltag. Das heißt, auch unsere Psyche kann sich regenerieren, kann Abstand gewinnen von all den Problemen und den Gefühlsschwankungen eines langen Tages. Auf die Dauer führt regelmäßiges Meditieren zu einer neuen, gesunderen geistigen Grundhaltung. Die regelmäßig Meditierenden kommen dazu, sich ihren Wünschen, ihren Gefühlen, ihren Neigungen und Trieben gegenüber unabhängig zu fühlen. Sie wissen (und haben erfahren), daß sie ein geistig unabhängiges Wesen sind. Nie mehr werden sie sich als Spielball äußerer Kräfte empfinden. Meditation hilft bei der Heranbildung einer *souveränen, ausgeglichenen Persönlichkeit.* Sie harmonisiert alle inneren Kräfte.

Im Prinzip sind viele Übungen, die in den Kapiteln Entspannung, Imagination, Konzentration und vor allem Atmung zu finden sind, schon Techniken, die zur Meditation führen. Die eigentliche Meditation können wir ja nicht steuern – was wir tun können, ist einzig, uns zu entspannen und zu versuchen, völlige Gedankenstille zu erzeugen; und dann offen zu sein für alles, was geschieht.

So ist also z. B. die Übung der Konzentration auf einen Punkt schon der Versuch, diese Voraussetzung für die Meditation zu schaffen. Es gibt noch andere Hilfen, die wir Ihnen auf den nächsten Seiten vorstellen.

Allen Meditationen vorausgehen muß eine möglichst tiefe Entspannung – wählen Sie hierfür eine Umgebung aus, die Ihnen bisher schon geholfen hat.

Meditationstechniken

Übung 1: Meditation mit einem Mantra

Um Gedankenstille zu erreichen, ist das Rezitieren eines Mantras (eines Wortes ohne offensichtlichen Sinngehalt) hilfreich. Wählen Sie ein Wort aus, das Ihnen vom Klang her angenehm ist, am besten mit weichen Konsonanten. Mit dem Wort sollten keine Assoziationen verknüpft sein, es ist ein reines Klanggebilde.

Nach einer einführenden Entspannung sprechen Sie Ihr Mantra in Gedanken oder auch halblaut während der ganzen Übung vor sich hin. Immer, wenn ein Gedanke kommt, entscheiden Sie sich gegen den Gedanken und für die Konzentration auf das Wort. Lassen Sie den Gedanken einfach ziehen und sich wieder ganz von dem Mantra erfüllen – aber ohne Anstrengung. Wie von selbst wird das Mantra wieder auftauchen.

Das Mantra sollte im Atemrhythmus gedacht (oder gesprochen) werden. Aber Sie nehmen keinen bewußten Einfluß auf Ihren Atem. Sie sind nur Beobachter und *lassen geschehen.* Nun haben Sie die Basis für die eigentliche Meditation errichtet.

Seien Sie geduldig und offen für Ihre ganz persönlichen Erfahrungen in der Stille.

Übung 2

Statt eines Wortes können Sie auch ein Bild oder einen realen Gegenstand als Hilfsmittel benutzen. Auf dieses Objekt richten Sie Ihre Konzentration. Aber im Gegensatz zu unseren Imaginationsübungen kommt es hier nicht darauf an, das Objekt in allen Einzelheiten zu sehen und sich zu »merken«.

Der Gegenstand der Konzentration soll Ihr Bewußtsein faszinieren und vereinnahmen – aber wiederum völlig ohne Einsatz des Willens. Schauen Sie das Objekt an; starren Sie nicht darauf. Wenn Sie das Bedürfnis verspüren, den Blick abzuwenden, tun Sie das, und richten Sie ihn dann wieder auf den Gegenstand.

Schließen Sie nach einigen Minuten die Augen, und genießen Sie die Stille, die sich nun eingestellt hat.

Ihre eigene Meditationseinleitung

Die äußeren Bedingungen einer Mentaltrainingssitzung

Wählen Sie den Zeitpunkt so, daß Sie nicht unter Zeitdruck stehen – das Training soll »ausklingen« können. Und trainieren Sie nicht, wenn Sie allzu müde sind – sonst werden Sie sicherlich bei den Entspannungsübungen einschlafen. Es ist günstig, wenn möglich immer dieselbe Tageszeit zu wählen.

Schalten Sie von vornherein alle Störungen aus (Telefon abstellen, Familienmitglieder vorwarnen usw.).

Die Kleidung soll bequem sein, warm genug (denken Sie daran, daß Sie sich längere Zeit nicht bewegen), und sie sollte nirgends einengen.

Wählen Sie einen Raum für Ihre Übungen, in dem Sie sich wohl fühlen. Lüften Sie ihn, und dunkeln Sie ihn ein wenig ab.

Harndrang und auch ein zu leerer oder zu voller Magen wirken sehr störend. Am günstigsten ist eine leichte Mahlzeit etwa eine halbe Stunde vor dem Training.

Leiten Sie das Training immer mit demselben Ritual ein – das trägt zur Einstimmung Ihres Unterbewußten bei. Hierbei sind Ihrer Phantasie keine Grenzen gesetzt: Sie können zum Beispiel immer ein bestimmtes Kleidungsstück anlegen, das Sie nur während des Trainings tragen, eine Kerze anzünden, eine spezielle Musik anhören oder ein bestimmtes Bild anschauen.

Grundsätzlich bleibt es Ihnen überlassen, in welcher Körperhaltung Sie das Training praktizieren möchten. Die einzige Bedingung, auf die auch in allen anderen geistigen Systemen hingewiesen wird, ist, daß die Wirbelsäule gerade gehalten werden soll, damit die feinstofflichen Energieströme im Körper nicht blockiert werden.

Es gibt jedoch Vor- und Nachteile der einzelnen Haltungen, die es zu beachten gilt:

Die liegende Position ist sehr gut geeignet, wenn Sie auf einer nicht zu weichen Unterlage liegen. Im Liegen sollten Sie aber nur trainieren, wenn Sie sich frisch fühlen. Denn es besteht die Gefahr, daß Sie sich im Liegen so gut entspannen, daß Sie während der Sitzung einschlafen.

Die klassische Haltung für die geistige Arbeit, zum Beispiel im Zen-Buddhismus, ist der Diamant- oder Fersensitz:

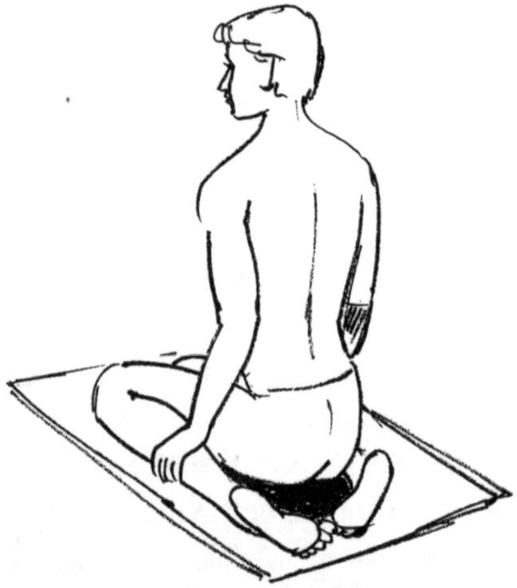

Wer diese Haltung gewohnt ist, möge ruhig darin arbeiten.

Weitere Übungen

Hier eine weitere Übung, um die *innere Ruhe* herzustellen. Auch diese Übung ist vielfach erprobt und trotz ihrer Einfachheit – oder vielleicht sogar gerade deswegen – absolut zuverlässig.

Sie nehmen ein Blatt Papier und einen Bleistift und schreiben Ihr Ziel oder einen Wunsch auf dieses Blatt Papier. Dann beginnen Sie, linksherum Kreise um Ihre Formulierung zu ziehen, ohne den Bleistift dabei abzusetzen. Es ist also eine endlose kreisförmige Linie, die Sie um die Beschreibung des gewünschten Zustandes ziehen.

Lassen Sie sich nicht von der Einfachheit der Übung abhalten – wirklich Geniales ist immer auch einfach. Auch bei dieser Übung kommt es darauf an, einige Minuten die bewußten Gedanken abzuschalten. Sie sehen nur auf die Worte in der Mitte des Kreises und fahren fort, diesen Kreis endlos zu verlängern. Nach einigen Minuten ist Ihre Ruhe so stabilisiert, daß Sie sich der eigentlichen Aufgabe zuwenden können.

Die Technik des »Hermetischen Lichtschildes«

Imaginieren Sie einen »Lichtregen«, der zuerst jede Zelle Ihres Körpers und dann auch Ihre Aura mit Licht erfüllt. Körper und Aura laden sich immer mehr mit diesem Licht auf, bis dieses Lichtkleid zu einem absoluten Schutz geworden ist. Jetzt kann Sie nur noch Gutes erreichen, alles andere prallt wirkungslos an Ihrem »Lichtschild« ab.

Variation für Fortgeschrittene:

Sie machen sich das Licht im Inneren Ihres wahren Wesens bewußt und erkennen, daß Ihr wahres Wesen unangreifbar ist.

Ganz bewußt dehnen Sie nun das Licht Ihres wahren Wesens aus, bis es Ihren Körper ganz erfüllt.

Dann lassen Sie das Licht über Ihren Körper hinausstrahlen und werden so selbst zum »Lichtschild«.

Alles Negative und Unerwünschte prallt nun an der Vollkommenheit Ihres wahren Wesens ab.

Energieströme

Bei der folgenden Übung geht es darum, die Energie zum Fließen zu bringen und alle inneren Blockaden zu lösen – dabei bleibt das *Gleichgewicht* zwischen kosmischer Energie und erdiger Energie auf der körperlichen Ebene erhalten.

Nach der einleitenden Entspannung stellen Sie sich eine lange Leitung vor, die vom unteren Ende Ihrer Wirbelsäule durch den Boden hindurch bis weit ins Erdinnere hineinreicht.

Spüren Sie, wie die Energie der Erde durch diese Leitung hochfließt – durch den ganzen Körper –, bis sie aus der Schädeldecke wieder austritt. Halten Sie diese Vorstellung so lange aufrecht, bis Sie diesen Energiestrom wirklich wahrnehmen.

Nun strömt auf dem umgekehrten Weg kosmische Energie vom Kopf durch den Körper in die Erde. Spüren Sie die Energieströme in beiden Richtungen. Spüren Sie, wie Sie Ihren Körper in vollkommene Harmonie bringen.

Fragen an das Unterbewußtsein

Sie fertigen sich ein Pendel an; das ist ganz einfach: An einen etwa 30 cm langen Bindfaden knoten Sie am Ende einen Gegen stand, um ihn zu beschweren (einen schweren Knopf oder einen Ring).

Nun zeichnen Sie ein Kreuz auf ein Blatt Papier, das Sie vor sich auf den Tisch legen. Setzen Sie sich entspannt an den Tisch, nehmen Sie das obere Ende des Fadens zwischen Daumen und Mittelfinger, stützen Sie den Ellbogen locker auf den Tisch, und halten Sie das Pendel über den Schnittpunkt des Kreuzes.

Nun legen Sie fest, welche Pendelbewegung Ja und welche

Nein bedeuten soll; die Bewegung über die Horizontalachse des Kreuzes bedeutet beispielsweise Ja, die über die Vertikalachse Nein.

Entspannen Sie sich, konzentrieren Sie sich gut, und stellen Sie Ihrem Unterbewußten Fragen. Diese Fragen müssen eindeutig formuliert und natürlich ganz klar mit ja oder nein zu beantworten sein.

Beispiele:

Ist dieser Mensch der richtige Partner für mich?
Soll ich den eingeschlagenen Weg weiterverfolgen?
Soll ich diese Einladung annehmen?

Wenn die Bedingungen erfüllt sind, d. h., wenn die Fragen richtig formuliert sind und Sie sich ganz auf Ihre Fragen konzentrieren können, wird Ihr Unterbewußtes Ihnen antworten. Das Pendel wird eine der vorher festgelegten Bewegungen ausführen.

Übung mit dem »Inneren Meister«

Führen Sie die Entspannungsübung Nr. 5 aus, und erweitern Sie sie, nachdem Sie »den Berg hinaufgestiegen« sind:

Auf dem Gipfel des Berges wenden Sie sich mit geschlossenen Augen ganz der Sonne zu. Sie öffnen sich ihrem Licht, bis es Sie ganz durchflutet und Sie eins werden mit diesem wunderbaren Licht.

Und nun begegnen Sie *ihm,* Ihrem inneren Meister. Sie sehen ihn als Licht, als Lichtgestalt oder als alten weisen Mann. Mit ihm besprechen Sie die Ursache, die Sie jetzt setzen wollen. Sie lassen sich beraten. Sie können ihm Fragen stellen, ob

- Ihr Ziel im Moment das richtige für Sie ist,
- die Formulierung klar genug ist,
- ob sich das Bild noch verbessern ließe usw.

Sie können sich helfen lassen, Energie in Ihre Vorstellung fließen zu lassen. Sie können sich zeigen lassen, was Sie zur Erfüllung beitragen können, und dies geistig mit ihm schon vorauserleben.

Ein Loblied der Intuition

Vor jeder Handlung
eine Minute lang
in die Intuition zu gehen
spart viele Stunden
vergebliche Liebesmüh,
eine Unzahl von unnötigem Leid
und löst 99,9 % aller Probleme!

Intuition, ich danke dir!

Der Intuition eine Chance geben

»Es gibt keine logischen Pfade zu diesen Gesetzen; nur Intuition auf der Grundlage einfühlsamen Begreifens der Erfahrung kann zu ihnen führen.«

Albert Einstein
über die Entdeckung von Naturgesetzen

Das Wort Intuition kommt vom lateinischen *intuitus* und bedeutet Blick oder Ausblick. Wenn man im Lexikon nachschlägt, findet man u. a. folgende Definitionen: »Unmittelbare innere Wahrnehmung« oder »unmittelbares Erleben der Wirklichkeit«. Goethe nennt intuitive Erkenntnis »eine aus dem inneren Menschen sich entwickelnde Offenbarung«.

Die moderne Zivilisation hat uns gelehrt, nur dem rationalen Denken zu vertrauen, und fast alle Menschen unserer heutigen Gesellschaft sind mit einem tief verwurzelten Mißtrauen aufgewachsen gegen alles Irrationale, Unerklärbare, gegen spontane Eingebungen und Impulse. Dadurch übergehen wir oft sehr wichtige Hinweise und Informationen, die bei unseren Entscheidungen von großer Wichtigkeit und eine enorme Hilfe wären.

Langsam allerdings beginnt diese Überbetonung des rein Vernünftigen aufzuweichen.

»In letzter Zeit wurde mehr und mehr klar, daß Intuition eigentlich eine ganz natürliche mentale Fähigkeit ist, Schlüsselelement bei Entdeckungen, Problemlösungen und Entscheidungsprozessen, der zündende Funke so mancher schöpferischen Idee und hellsichtigen Ahnung. Sie ist ein wichtiger Bestandteil dessen, was wir Genie nennen, aber auch ein unentbehrlicher Ratgeber im Alltag. Menschen, die offensichtlich stets zur rechten Zeit am rechten Platz sind, haben nicht einfach nur Glück: Sie verfügen über ein intuitives Gespür, wie sie sich entscheiden und wie sie handeln sollen.« (Philip Goldberg: *Die Kraft der Intuition*)

Selbstverständlich raten wir hier nicht, das systematische, vernünftige Denken zugunsten intuitiver Erkenntnis zu vernachlässigen. Es geht nicht um ein Entweder-Oder, sondern um ein Sowohl-Als-auch. Bei allen Entscheidungsprozessen sollten wir die Erkenntnis nicht außer acht lassen, daß Logik nicht die einzige Erkenntnismöglichkeit ist. Eine ganze entscheidende Quelle der Erkenntnis bleibt ungenutzt, wenn wir weiterhin unsere emotionale Seite, unsere intuitiven Vorahnungen und spontanen Impulse übergehen. Lassen wir unserem Unterbewußten genügend Raum und die Freiheit, uns mit der plötzlichen Lösung eines Problems zu überraschen.

Intuition ist in einem viel stärkeren Maße an unserem Alltagsleben beteiligt, als wir glauben, und sie ist ein wesentlicher Bestandteil unserer Kreativität.

Das wohl wichtigste Charakteristikum der Intuition ist, daß sie meist in den Pausen zwischen den Denkvorgängen auftritt – oft erst dann, wenn wir bereits aufgegeben haben, mit dem Verstand eine Lösung zu finden. Doch nicht jede blitzartige Eingebung ist auch wirklich eine Intuition. Erfahren wir aber Intuition, wissen wir es meist im selben Augenblick.

»Langsam wächst die Erkenntnis, daß Intuition nicht nur ein zufälliges Phänomen oder eine außergewöhnliche, nicht recht erklärbare Begabung ist, sondern daß *jeder Mensch* – unabhängig von seinen sonstigen unterschiedlichen geistigen Fähigkeiten – sie besitzt. Und so wie wir alle – bei entsprechendem Training – höher springen oder schneller laufen lernen können, so könnten wir auch viel intuitiver werden.« *(Philip Goldberg)*

Jawohl, Intuition ist lernbar, obwohl das Trainieren dieser Fähigkeit zunächst einmal ein etwas paradoxes Unterfangen zu sein scheint. Denn – wie gesagt – Intuition läßt sich nicht planen oder gar erzwingen, sie ist ein völlig spontanes Phänomen. Was wir aber tun können, ist, einen für ihr Auftreten günstigen Boden zu bereiten; wir können sie wecken, anregen und unser Vertrauen in unsere intuitiven Fähigkeiten stärken.

Das beginnt damit, daß wir Intuitionshindernisse abbauen. Wie ist meine Einstellung zu intuitivem Handeln? Habe ich Vertrauen dazu, oder erscheint mir das zu vage? Welche Vorurteile habe ich durch Umwelt und Erziehung vermittelt bekommen? Dies müssen wir sorgfältig analysieren und bereinigen.

Übungen zur Anregung der intuitiven Fähigkeiten

1. Übungen im Alltag

Nutzen Sie jede Gelegenheit zu Ihrem persönlichen Intuitionstraining. Nehmen Sie Ihre Intuition bei der Suche nach einem Parkplatz zu Hilfe, indem Sie sich von innen führen lassen. Fragen Sie Ihre Intuition nach dem Wetter vor einer Reise oder nach der besten Strecke. »Raten« Sie, welcher Aufzug zuerst kommt, wenn mehrere da sind, oder vor welchem Schalter Sie in der Post schneller vorwärtskommen.

Wie macht sich Ihre Intuition bemerkbar? Ist es eine innere Gewißheit? Oder ein bestimmtes Gefühl, ein Bild, eine Stimme? Hören Sie darauf!

Üben Sie schnelles Entscheiden bei alltäglichen Gelegenheiten: Entscheiden Sie innerhalb von 10 Sekunden,

- welches Restaurant Sie aufsuchen,
- welches Essen Sie bestellen,
- welchen Film Sie ansehen wollen,
- wohin Ihr sonntäglicher Spaziergang führen soll.

2. Entscheidungshilfen in der Entspannung

Probieren Sie diese Technik zunächst einmal mit einer Entscheidung, die Ihnen nicht allzuviel Kopfzerbrechen macht. Nach einigem Training können Sie diese Methode dann immer anwenden, wenn Sie verstandesmäßig mit einem Problem oder einer wichtigen Entscheidung nicht weiterkommen. Umreißen Sie Ihr Problem ganz knapp schriftlich auf einem Blatt Papier.

Ziehen Sie sich in den Übungsraum zurück, nehmen Sie Ihre Entspannungsposition ein, schließen Sie die Augen, und denken Sie an Ihre Entscheidungssituation. Denken Sie an alle Argumente für und gegen verschiedene Lösungsmöglichkeiten. Stellen Sie sich die Konsequenzen aller Möglichkeiten genau vor.

Nun wenden Sie sich von allem Denken ab und führen eine Entspannungsübung durch. Ziehen Sie während dieser Zeit Ihre Konzentration völlig von dem Problem ab.

Konzentrieren Sie sich auf Ihre Atmung, und nehmen Sie Ihre Gefühle wahr, wenn Ihnen dann Vorstellungen und Ideen in den Sinn kommen. Lenken Sie Ihre Gedanken und Vorstellungen sowenig wie möglich; lassen Sie sie einfach durch Ihren Kopf ziehen.

Mit den Gedanken an einzelne Lösungsmöglichkeiten werden sich Gefühle verbinden, und Sie werden bemerken, wie eine bestimmte Lösung die angenehmsten Gefühle auslöst und Sie entspannter und zufriedener macht.

Und wenn Sie diese Lösung dann genauer untersuchen, finden sich ganz sicher zusätzliche Argumente, die die Richtigkeit dieser Lösung untermauern. Die Intuition hat Ihrem Verstand die Richtung gezeigt, nachdem Sie durch die Entspannung und das Schweifenlassen der Gedanken das Tor zum Unterbewußtsein geöffnet haben.

3. Das Brainstorming

Diese Methode, die stark dazu beiträgt, intuitive Impulse anzuregen, wird meist in Gruppen angewendet. Es besteht aber auch die Möglichkeit, sie für sich allein zu nutzen.

Bei dieser Übung kommt es darauf an nachzudenken, ohne die Einfälle zu werten – nichts muß logisch und vernünftig klingen. Alles ist erlaubt. Es gibt kein richtig oder falsch, kein gut oder schlecht – der Gedankenstrom wird durch keinerlei Zensur behindert.

Ziehen Sie sich in Ihren Übungsraum zurück, und legen Sie ein Blatt Papier und einen Stift zurecht. Entspannen Sie sich. Denken Sie dann an ein Problem, das Sie gerade beschäftigt und mit dessen Lösung Sie nicht so recht weiterkommen. Schreiben Sie in die Mitte des Blattes ein Wort, das dieses Problem umreißt. Überlegen Sie nicht lange – nehmen Sie einfach ein Wort, das Ihnen spontan in den Kopf kommt. Und nun lassen Sie für einige Minuten einfach Ihre Gedanken fließen – schreiben Sie alle Ihre Einfälle und Assoziationen zu dem Schlüsselwort um den Begriff herum – zensieren Sie nicht.

Lassen Sie dann das Blatt zwei Tage lang »in Ruhe«, bevor Sie es sich wieder ansehen. Sicherlich werden Sie nun eine Reihe von Ideen und Assoziationen finden, die nicht verwertbar sind. Aber Sie werden staunen, wie viele Aspekte des Problems, die Ihnen nicht bewußt waren, auf diese Weise zutage getreten sind.

4. Aus der höheren Erkenntnisquelle schöpfen

Es gibt eine ganze Welt wundervoller neuer Ideen, Wege und Möglichkeiten, die auf der nächsthöheren geistigen Ebene für alle zur Verfügung stehen. Mit der folgenden Technik können Sie zu den Menschen gehören, die fähig sind, aus dieser Quelle zu schöpfen.

Atmen Sie 4 Sekunden lang tief ein, und »sehen« Sie dabei über sich das strahlende Licht des Allbewußtseins.

Halten Sie den Atem 12 Sekunden lang an. Erheben Sie dabei in Ihrer Vorstellung Ihr Bewußtsein in das Allbewußtsein, und denken Sie dabei an die Aufgabe, für die Sie eine Inspiration brauchen.

Dann atmen Sie aus und warten, bis ein neuer Atemzug kommt – und beginnen wieder neu. Führen Sie so insgesamt 7 Atemzüge aus.

Sobald Ihnen eine Idee kommt, schreiben Sie sie nieder, damit sie sich beim Schreiben entwickeln kann.

Mit zunehmender Übung werden Sie dabei immer erfolgreicher sein und dauernd über diesen »direkten Draht nach oben« verfügen.

Ihre bisherigen Erfahrungen mit Intuition

____

____

____

____

____

____

____

Ihre eigenen Ideen und Gedanken zur Entwicklung Ihrer intuitiven Fähigkeiten

Ihr Übungsprogramm

Nun haben wir alle Voraussetzungen für ein erfolgreiches mentales Training geschaffen. Eine Gewissensfrage: Haben Sie bisher eigentlich schon geübt? Wenn nein, dann wird es höchste Zeit.

Vielleicht sind Sie ein wenig entmutigt oder auch verwirrt von der Vielzahl der Anregungen, Ratschläge und Übungen. Wenn Sie hier nun gleich einmal ein persönliches Übungsprogramm zusammenstellen, werden Sie durch diese Strukturierung sicherlich den letzten nötigen Impuls bekommen, um endgültig »einzusteigen«.

Zunächst einmal eine Klärung der äußeren Umstände:

Wo werde ich üben:

____

Welche Tageszeit wähle ich aus:

____

____

Welche Maßnahmen werde ich treffen, um Störungen auszuschalten:

____

____

Ab wann werde ich regelmäßig üben:

____

Vertrag mit mir selbst

Ich habe mich seit dem ______________ mit diesem Buch beschäftigt. Damit habe ich einen Weg beschritten, den ich konsequent weiterverfolgen werde.

Durch das mentale Training werde ich folgendes erreichen:

____

____

____

____

____

Mein Hauptziel lautet:

____

Ich werde vom ____________________ an täglich mindestens ______________ Minuten aufwenden, um mein inneres Potential zu entwickeln.

Ich bestätige mir mit meiner Unterschrift, diesen Weg eisern und zäh zu verfolgen.

Datum ______________ Unterschrift ____________________

Übungsauswahl und Erfolgskontrolle

Folgende Übungen halte ich als Einstieg für wichtig, und ich werde sie in der ersten Woche täglich ausführen:

(Selbstverständlich dürfen Sie – je nach Bedürfnis – auch variieren. Diese Änderungen sollten Sie sich dann auf dem jeweils folgenden Arbeitsblatt bewußtmachen.)

Geplante Übungen für die 1. Woche:

____

____

____

____

____

____

____

____

Weitere Notizen zur Planung des »Einstiegs«:

Nach der 1. Woche auszufüllen

Folgende Übungen habe ich in der vergangenen Woche ausgeführt:

Die folgenden Erfahrungen waren dabei wichtig für mich:

Ich bin nun in einigen Bereichen schon fortgeschritten und werde in der 2. Woche mit folgenden Übungen weitertrainieren:

Weitere Notizen zur Planung der 2. Woche:

Nach der 2. Woche auszufüllen

Folgende Übungen habe ich in der vergangenen Woche ausgeführt:

Die folgenden Erfahrungen waren dabei wichtig für mich:

Meine Übungsplanung für die 3. Woche:

Weitere Notizen zur Planung der 3. Woche:

Nach der 3. Woche auszufüllen

Folgende Übungen habe ich in der vergangenen Woche ausgeführt:

Die folgenden Erfahrungen waren dabei wichtig für mich:

Folgende Veränderungen haben sich durch das regelmäßige Training bisher schon eingestellt:

Folgende Veränderungen sollen sich durch das weitere Training noch einstellen:

Auf folgende Art und Weise werde ich die Erkenntnisse und Fähigkeiten, die mein Training bisher schon gebracht hat, weiterentwickeln:

Über Ausdauer und Geduld

Ein chinesisches Sprichwort sagt:

Dem Menschen wäre nichts unmöglich, hätte er die Beharrlichkeit.

Wir aber wollen sofortige Befriedigung, Gewinn ohne Einsatz. Wenn ich nicht sicher sein kann, daß ich gewinne, versuche ich es erst gar nicht. Bemühen wird nicht mehr akzeptiert. *Worum man sich aber nicht bemühen muß, ist meist auch nicht der Mühe wert.*

Wir gewinnen nur, wenn wir entschieden, mutig, zuversichtlich, vor allem aber mit Ausdauer und Geduld ans Werk gehen. Diese Eigenschaften können trainiert werden, wenn sie nicht ausreichend vorhanden sind. Mit Ausdauer können schwerwiegende Schwächen und Mängel beseitigt werden, und zwar für alle Zeit.

Stellen Sie sich einmal die folgenden Fragen:

1. Führe ich zu Ende, was ich anfange?
2. Lasse ich mich leicht entmutigen?
3. Halten mich andere für ausdauernd?
4. Denke und spreche ich in positiver Art und Weise über meine Ziele?

5. Weiß ich, was ich will?
6. Glaube ich an mich selbst?

Denken Sie immer daran, das Schicksal ist kein Glücksspiel. Wir haben die Freiheit zu wählen. Selbst wenn ich nichts tue, habe ich gewählt. Und es gibt keine Unterbrechung, keinen Ersatzspieler – und die Uhr läuft pausenlos.

Denken ist das Bewegen geistiger Energie. Beharrlich bewegte Energie verwirklicht sich materiell. Aber nicht das Beginnen wird belohnt, sondern einzig und allein das *Durchhalten.*

Viele Menschen sind bereit, monatelang Bodybuilding zu betreiben, und würden nie erwarten, daß nach einem einzigen Training bereits der Bierbauch weg ist.

Beim »geistigen Bodybuilding« durch Mentaltraining geht es wesentlich schneller: Erste Erfolge treten in der Regel nach bereits 21 Trainingstagen ein. Wenn Sie unbeirrt 21 Tage lang ihr Mentaltraining durchführen, egal ob Soforterfolge eintreten oder nicht, bei schlechtem und gutem Wetter, bei Müdigkeit und bei Hektik, einfach bedingungslos 21 Tage lang, dann ernten Sie anhaltende Erfolge, die Sie vielleicht bisher gar nicht für möglich hielten.

Sind Sie dazu bereit?

Streß – die vermeidbare »Krankheit«

In diesem letzten Kapitel wollen wir den Kreis schließen und zurückkehren zu einem managementspezifischen Problemkreis.

Welche Führungsqualitäten das mentale Training zu fördern imstande ist, haben wir im dritten Buchkapitel schon gesehen. Richten wir nun unseren Blick auf die meist als unvermeidlich angesehene Berufskrankheit, den Streß. Und zwar konzentrieren wir uns auf die Aspekte, die einen unmittelbaren Bezug zum geistigen Training haben.

Streßabbau auf der organisatorischen Ebene abzuhandeln (wie etwa methodische Zeitplanung, Delegation usw.) würde hier zu weit führen – das wäre die Aufgabe eines anderen Buches.

- Streß ist heute einer der gefährlichsten Risikofaktoren für die Gesundheit.
- Streß ist in den Führungsetagen jeder Branche allgegenwärtig und alltäglich.
- Streß beeinträchtigt die Konzentrationsfähigkeit.
- Die Technisierung beschert allen Menschen ein Trommelfeuer von Streßreizen.

Diese und ähnliche Äußerungen haben Sie sicherlich schon einmal gelesen, und vielleicht hatten auch Sie sich schon – wie die meisten Menschen – mit all diesen bekannten Tatsachen abgefunden. Nun aber wissen Sie, daß Sie eine Fülle von Möglichkeiten in der Hand haben, um diese Problematik in den Griff zu bekommen (und zwar ohne zu Zigarette oder Alkohol zu greifen!).

Vergegenwärtigen wir uns noch einmal: *Nicht die äußeren Umstände stressen uns, sondern allein unser Umgang mit diesen Umständen.*

Wie gut, daß Sie sich nun zu helfen wissen. Als erstes müssen Sie sich bewußt machen, welches Ihre ganz persönlichen Streß-Hauptfaktoren sind. Für jeden gibt es andere Situationen, die ihn aus dem Gleichgewicht bringen, die Körper und Psyche belasten. Schreiben Sie auf der folgenden Seite einmal alle Situationen auf, die vor allem dazu beitragen, daß Sie in Streß geraten.

Situationen, in denen ich in Streß gerate:

Gehen Sie nun alle diese Situationen durch, und überlegen Sie (lassen Sie dabei Ihre Intuition mitspielen), mit welchen Techniken Ihres Trainings Sie diese Situationen entschärfen können.

Beispiel 1

Sie geraten in Streß, wenn Sie eine Rede halten sollen.

Lösungsmöglichkeit

Sie begeben sich in die Tiefenentspannung und imaginieren, wie Sie mit Ihrer Rede selbstbewußt und mit faszinierender Ausstrahlung Ihre Zuhörer fesseln. Schaffen Sie sich ein genaues Vorstellungsbild von dem, was einzelne Zuhörer Ihnen nach der Rede sagen, mit welchen Komplimenten Sie überschüttet werden ... (siehe Übung zur Positivierung des Selbstbildes).

Beispiel 2

Sie geraten in Streß, wenn Sie Besprechungen mit Mitarbeitern vor sich haben, mit denen Sie keine gemeinsame Wellenlänge verbindet, mit denen Sie bisher keinen gemeinsamen Nenner finden konnten.

Lösungsmöglichkeit

Gehen Sie aus von der Übung zum Abbau von Feindseligkeiten, und variieren Sie diese der Beziehung entsprechend.

Beispiel 3

Sie geraten in Streß, wenn Ihnen eine zu treffende Entscheidung auf der Seele brennt, Sie aber nicht genügend Informationen zur Hand haben, um Ihrer Sache hundertprozentig sicher zu sein.

Lösungsmöglichkeit

Die anzuwendende Technik findet sich natürlich im vorhergehenden Kapitel. Wenden Sie Methoden an, die Ihren intuitiven Fähigkeiten das Tor öffnen.

Da diese Beispiele konstruiert sind, müssen sie zwangsläufig etwas platt und zu einfach klingen. Sie haben aber unsere Methode schon in bezug auf Ihre persönlichen Bedürfnisse erprobt und werden differenzierte, wirksame Wege finden.

Ihre Vorstellungen zur Entschärfung Ihrer Streßfaktoren mit der Hilfe mentaler Techniken:

Hier noch eine ganz kurze *Atemübung,* die Sie immer dann anwenden können, wenn Sie vom Streß doch einmal überwältigt zu werden drohen. Mit dieser sehr simplen Übung zwingen Sie kurzfristig Ihrer Psyche einen gleichmäßigen Rhythmus auf und werden sofort ruhiger und entspannter.

Lockern Sie Ihre Muskeln. Atmen Sie bei geschlossenem Mund durch die Nase ganz tief ein, und wölben Sie dabei den Bauch möglichst weit vor. Halten Sie die Luft ca. 10 Sekunden an.

Atmen Sie durch den Mund aus, gegen den Widerstand der halbgeschlossenen Lippen. Es ergibt sich ein langgezogener F-Laut. Ziehen Sie den Bauch dabei ein und geben Sie so viel Luft wie möglich von sich. Führen Sie diese Übung einige Minuten lang aus.

Und nun wollen wir Ihnen zum Abschluß nur noch die Gedankengänge, die im Anhang zusammengestellt sind, ans Herz legen.

Lesen Sie diese Worte nicht nur durch. Versenken sie sich hinein, setzten Sie sie in Beziehung zu Ihrem eigenen Leben – zu Ihrem Denken, Wollen und Tun.

Anhang

Der Sinn des Lebens

1. *Erkenntnisse sammeln*

Geld, Besitz, Macht, Anerkennung, unsere Familie und unsere Freunde, alles werden wir hier zurücklassen. Das einzige, was wir mitnehmen, sind unsere Erkenntnisse. Wir sind nackt gekommen und werden nackt gehen. Unsere Erkenntnisse sind das einzige, was uns von einem langen Leben bleibt.

2. *Den Augenblick erfüllen*

Wir nutzen die Chance, die uns das Leben bietet, nur dann optimal, wenn wir wirklich jeden Augenblick erfüllen. Das heißt ganz bewußt *sein*. Wahrnehmen, was jetzt ist. Die Aufgabe erkennen, die uns das Leben jetzt stellt, die Chance, die es uns gerade in diesem Augenblick bietet, aber auch das Geschenk, das es uns jetzt machen möchte. Das Lächeln eines Kindes, das Vertrauen eines Freundes oder eine Erkenntnis. Auch in einer Schwierigkeit, in einem Problem das Geschenk erkennen. Dieser Augenblick ist aber gleich endgültig vorbei und kommt nie mehr wieder, also nutze ich ihn ganz bewußt.

3. Meine Aufgabe erkennen

Ich bin mit einer bestimmten Absicht in dieses Leben gekommen. Dafür bin ich optimal vorbereitet und habe alles an Voraussetzungen mitgebracht, was ich dazu brauche. Also nehme ich wahr, was das Leben von mir will, anstatt nur immer zu fragen, was ich vom Leben will. Ich erkenne meine Aufgabe, meinen Weg und mein Ziel, nehme sie an und erfülle sie.

4. Selbstverwirklichung

Ich erkenne mein wahres Selbst und lasse die Vollkommenheit meines wahren Selbst durch mich wirken. Ich erkenne, daß Selbstverwirklichung nicht ist, zu tun, wozu ich gerade Lust habe, denn dann bin ich nur der Sklave meiner Lust. Dafür übergebe ich meinem wahren Selbst die Herrschaft über mein ganzes Tun und Sein und verwirkliche so wahre Selbstbeherrschung. Ich entwickle mich, damit sich mein wahres Selbst entfalten kann.

5. Der Tod als Krönung des Lebens

Ich prüfe immer wieder einmal, ob ich auf die letzte Prüfung des Lebens wirklich vorbereitet bin, tue, was noch zu tun ist, und lasse los, woran ich noch gebunden bin: meine Familie, meinen Besitz usw. Loslassen heißt nur, die Bindung aufzulösen und mich daran zu erfreuen, solange es da ist. Ich gehe gelassen durchs Leben und bin bereit, in jeder Minute zu gehen.

Die 7 Schritte der Problemlösung

1. Exakte Definition des Problems

- Was genau ist mein Problem? (Schriftlich ausarbeiten.) In der richtigen Frage liegt meist schon die richtige Antwort.
- Habe ich überhaupt ein Problem oder nur eine falsche Einstellung zu den Umständen, oder bin ich sogar selbst das Problem?
- Was ist die wirkliche Ursache des Problems? (Hierbei Ursache und Auslöser nicht verwechseln.)

2. Exakte Definition des Zieles

- Was genau ist der erwünschte Endzustand? In Wort (schriftlich) und Bild (imaginativ) ausarbeiten.
- Bringt dieser Endzustand wirklich die Erfüllung, Glück?

3. Exakte Beschreibung des Weges zum Ziel

- Was ist der schnellste/kürzeste/beste/sicherste Weg? Alle Möglichkeiten gründlich durchdenken.
- Welchen Weg würde ich jemandem mit dem gleichen Problem empfehlen?

4. Exakte Beschreibung der erforderlichen Schritte

- Belastungen durch Vergangenheit auflösen (Schuldgefühle, Hemmungen, überholte Programme).
- Die inneren Voraussetzungen für den Erfolg schaffen wie Gedankendisziplin, Gelassenheit, Harmonie usw.

- Sich geistig und körperlich fit halten und die eigene Leistungskurve und Leistungsgrenze beachten.
- Eine neue Einstellung zu Problemen entwickeln. Die Schwierigkeiten als Zweck des Lebens und die Meisterung als Sinn des Lebens erkennen.
- Festlegen der Teilziele und deren Reihenfolge.
- Sich den erwünschten Endzustand in Wort und Bild immer wieder vorstellen und mit Wunschkraft aufladen.

5. *Meine Motivation*

- Bin ich wirklich bereit, für das Ziel die erforderlichen Anstrengungen auf mich zu nehmen?
- Ich meide motivationshemmende Faktoren, indem ich nie mehr sage: »Ich kann das nicht. Ich bin zu schwach.«
- Ich stärke meine Motivation durch Selbsthypnose, positive Suggestionen, Psychokybernetik, schöpferische Imagination, Kontakt zu erfolgreichen Personen.
- Ich gebe mir eine ganz neue Einstellung zu Problemen. Ich erkenne, daß es der Zweck des Lebens ist, mich immer wieder mit Schwierigkeiten zu konfrontieren, und daß es der Sinn des Lebens ist, diese Schwierigkeiten optimal zu meistern und daran zu wachsen und zu reifen.

6. *Was mache ich, wenn es unter den gegebenen Umständen keine Lösung zu geben scheint?*

- Ich stelle fest, unter welchen Umständen eine Lösung möglich wäre, und schaffe diese Umstände.

7. Problem lösen oder Mißverfolg erkennen

– Führen diese Schritte nicht zur Lösung des Problems, habe ich es nicht exakt genug erfaßt und beginne wieder bei Schritt eins, diesmal aber noch gründlicher!

Die Morgenvorschau

Ich erkenne:

Daß ich diesen Tag nicht mit den Scherben von gestern beginnen möchte. Ich öffne mich ganz den Möglichkeiten, die mir dieser Tag bietet, und bin bereit, mein Bestes zu geben.

Ich frage mich jeden Morgen:

Was will ich heute erreichen?
Wie erreiche ich es am besten?
Was will ich auf jeden Fall vermeiden?
Wie möchte ich mich verhalten?
Welche Situationen oder Begegnungen habe ich heute zu erwarten?

Mehrmals täglich stelle ich mir in der Imagination vor:

Licht und Gesundheit durchströmen mich.
Kraft und Harmonie erfüllen mich.
Was ich tue, das tue ich ganz.
Ich stelle einen Wächter vor das Tor zu meinem Unterbewußtsein, der nur Gutes herein-, aber auch nur Gutes herausläßt.

Ich danke immer wieder für das viele Gute, das ich schon habe, und gehe froh und sicher durch den Tag!

Die Tagesrückschau

Ich erkenne:

Das Außen ist ein Spiegelbild meiner Innenwelt. Denn mein Verhalten gestaltet meine Verhältnisse. Gefällt mir außen etwas nicht, ist in mir etwas nicht in Ordnung, und nur dort kann ich es ändern.

Jeden Abend lasse ich den Tag noch einmal vor meinem geistigen Auge vorüberziehen und frage mich:

Was habe ich heute gesagt und getan?
Was davon war wichtig, was unwichtig?
Was wollte ich erreichen, was habe ich erreicht?
Was war so richtig, was war falsch?
Wie hätte es richtig sein sollen? *(Mental umerleben und zu einem »imaginären Erfolgserlebnis« machen)*
Auch falsche Gefühle müssen korrigiert werden.

Psychohygiene:

Ich versöhne mich mit allen Menschen, mit denen ich derzeit nicht in Harmonie bin. Ich versöhne mich vor allem mit mir und nehme mich so an, wie ich derzeit noch bin, aber ich bemühe mich, zu werden, wie ich sein sollte.

Ich distanziere mich bewußt von allem Negativen, wende mich innerlich ganz dem Positiven zu und bejahe es.
Ich erkenne bewußt, wieviel Grund ich habe, glücklich zu sein, und bin dankbar dafür.

Vor dem Einschlafen lasse ich bewußt den Tag los, nachdem ich ihn so »bereinigt« habe, und freue mich auf einen neuen Tag, auf morgen!

Literaturverzeichnis

Dr. A. Bierach: *Mentales Training*. Goldmann Verlag, 1984

Dr. John Diamond: *Der Körper lügt nicht*. Verlag für angewandte Kinesiologie, 1983

Dr. John Diamond: *Die heilende Kraft der Emotionen*. Verlag für angewandte Kinesiologie, 1987

Thomas Dyllik: *Gesellschaftliche Instabilität und Unternehmungsführung*. Verlag Haupt, 1982

Philip Goldberg: *Die Kraft der Intuition*. Scherz Verlag, 1988

Ken Keyes jr.: *Rezepte zum Glück*. Verlag Felicitas Hübner, 1984

Dr. Joseph Murphy: *Der Weg zu innerem und äußerem Reichtum*. Goldmann Verlag, 1987

Emil Oesch: *Die Kunst, Zeit zu haben*. Oesch Verlag AG, 1986

Kay Porter/Judy Foster: *Mentales Training – Der moderne Weg zur sportlichen Leistung*. BLV Verlagsgesellschaft, 1988

Reinhard Sepac: *Erfolgreich durch Mentaltraining*. Delphin Verlag GmbH, 1988

José Silva: *Silva Mind Control*. Verlag Heinrich Schwab, 1983

José Silva: *Die Silva-Mind-Control-Methode für Führungskräfte*. Verlag Peter Erd, 1987

Frances E. Vaughan: *Intuitiver leben*. Kösel Verlag GmbH, 1988